MENTIONS LEGALES

Dépôt légal : Mai 2023

ISBN : 9798392402359

Contact Pro : m.najiallah@gmail.com

Le Mythe de la révolte berbère :
Déconstruction d'un mensonge historique

A PARAITRE PROCHAINEMENT

Le Royaume d'Alger contre l'Europe :
Histoire des guerres entre Alger et les États
occidentaux

Terrorisme occidental, la dernière croisade :
comprendre la guerre contre l'Islam

Butin de guerre : réponse à Pierre Montagnon

A mes parents...

LES NÉO-HARKIS

SOCIOLOGIE DES ARABES COLLABOS

RENAISSANCE ARABE
EDITIONS

LES NÉO-HARKIS

**SOCIOLOGIE DES ARABES
COLLABOS**

MOHAMMED IBN NAJIALLAH

AVANT-PROPOS

Cet ouvrage est un essai dont le but n'est aucunement de s'attaquer aux personnes citées dans les pages qui vont suivre et (ou) celles présentes sur la couverture. Nous demandons à nos lecteurs de prendre de la hauteur et de lire cet essai avec une distance critique, sans laisser les émotions (naturelles) prendre le dessus sur leur compréhension des faits que nous allons décrire.

Nous tenons à préciser, ainsi, que nous ne cautionneront aucune attaque personnelle visant les personnalités publiques mentionnées dans cet ouvrage. Toute attaque verbale et (ou) physique ciblant des personnalités citées dans les pages qui vont suivre ne seront pas de notre responsabilité. Seul le travail intellectuel et les confrontations d'idées guident notre plume.

INTRODUCTION

La destruction d'une civilisation est généralement consubstantielle à la traîtrise de certains collaborateurs. L'Histoire est là pour en témoigner ; en effet, en tout temps, lors des conquêtes, les conquérants eurent la chance de trouver sur place des individus prêts à collaborer avec leurs nouveaux (ou futurs) maîtres, en échange de quelques privilèges et un meilleur statut social que leurs compatriotes résistants. Ce phénomène n'a pas lieu uniquement dans un contexte de guerre physique, mais également sur le terrain de la *conquête idéologique et intellectuelle*, comme nous allons le voir dans cet ouvrage.

Nous allons nous attarder, dans ce présent travail, sur l'un des aspects de cette idéologie, à savoir, le désir (voire, le devoir), de certaines personnes franco-maghrébines de témoigner de manière hystérique leur soumission et leur allégeance à leur maître en frappant d'opprobre systématiquement leur propre communauté d'origine. Ces Néo-harkis, collabeur ou harkis 2.0, servent de caution intellectuelle aux ennemis exogènes et autres détracteurs des populations d'origine maghrébines, qui se servent de ces derniers pour légitimer les attaques envers la minorité musulmane de France.

Tout d'abord, afin de bien comprendre les concepts auxquels nous faisons référence aujourd'hui, il est indispensable de faire, au préalable, une précision terminologique. Le mot « collabeur » est une contraction des termes « collabo », qui désigne les personnes collaborant allègrement avec les ennemis de leur patrie en temps de guerre, et de « beur » qui inverse les syllabes du mot « arabe », pour faire référence, dans un sens artistique, aux descendants de la première génération d'immigrés issus des pays arabes, et plus particulièrement ceux d'Afrique du Nord. L'association de ces deux mots, « collabo », et « beur », est employé pour qualifier péjorativement les traîtres franco-maghrébins, larbins du système, qui n'hésitent aucunement à s'allier à leurs ennemis en échange de quelques privilèges. L'appellation « Harkis 2.0 », est, en quelque sorte, un synonyme utilisant le mot « harki » , désignant les traîtres algériens ayant combattu dans les rangs de la France, pays colonisateur, contre leur propre patrie, pour le maintien de l'Algérie Française. Nous avons ajouté le « 2.0 » pour mettre en évidence l'aspect moderniste de cette catégorie de personnes.

Dans cet ouvrage, nous allons mettre en évidence le rôle de ceux que nous avons appelés les « *Néo-harkis* », ces Arabes « *collabos* », dans le système républicain. Ces personnes sont caractérisées par une aliénation culturelle et idéologique se traduisant, dans les faits, par un désir excessivement émotif de se faire accepter par des gens qui les méprisent au plus haut point, usant, pour ce faire, de palabres incessants et d'autodafés intellectuels. Pour tenter de gagner l'amour de ceux qui leur témoignent de leur hostilité, les *Néo-harkis* n'hésitent ni à courber l'échine à un point où leur dos serait légitimement en droit de leur réclamer de souscrire à un abonnement à vie chez un ostéopathe ; ni à exécuter une danse du ventre attractive pour tenter d'attirer un regard désirable de la part de ceux qui ne leur auraient accordé qu'un regard de mépris s'ils avaient eu la décence de conserver leur parure authentique.

Nous aimons prendre l'exemple imagé de ce pauvre petit chien qui retourne systématiquement se coller aux pieds de son maître à chaque fois que celui-ci tente de la chasser à coup de pied ; « *Qu'importe si vous me détestez, moi, je vais vous aimer* » ; « *Vous me méprisez pour ce que je suis, je ferais donc tout pour gagner votre amour, même en me travestissant* ».

Mais le harki 2.0 n'est pas aussi déficient qu'il en a l'air ; il est même relativement perspicace, puisqu'il a compris avant ses « frères » de « race » que l'aspect juridico-légal de sa « francité » ne suffisait nullement à faire de lui un authentique français , dans cette France républicaine. Son passeport rouge et sa carte d'identité française ne lui donnent qu'un statut juridique pas toujours efficace sur le terrain, comme le montre les difficultés du quotidien des Français de confession musulmane.[1] Le

---

[1] Discrimination à l'embauche, au logement ; contrôle au faciès, offensive contre le voile islamique, etc. Lire l'excellent ouvrage dirigé par Omar Salouti et Olivier Le

Harki 2.0 a intériorisé l'idée que, pour être considéré comme un « vrai » Français, il devait impérativement se délester de ce qui posait problème chez lui, ce qui constituait une barrière infranchissable vers le saint-graal qu'il tentait d'atteindre (l'amour des « Blancs ») ; son identité arabo-musulmane.

Nous pouvons lui reconnaître cela, à l'Arabe collabo ; sa perspicacité et son pragmatisme. Au contraire de l'Arabo-musulman de France qui refuse de se dévêtir de son identité ancestrale, tout en cherchant à se faire accepter comme un Français républicain dans un environnement qui est précisément hostile par essence à son être. Ainsi le Franco-maghrébin de France fait-il preuve d'une schizophrénie identitaire et d'une cécité pathologique quant à la réalité de son environnement hostile à l'endroit de tout ce qu'il représente. Mais nous aurons l'occasion d'y revenir dans cet ouvrage.

Le secteur artistique et médiatique est un vecteur primordial pour promotionner le combat des Néo-Harkis. A notre sens, le

---

Cour Grandmaison « Racismes de Frances », aux éditions La Découverte.

premier Arabe collabo médiatisé est l'humoriste oublié Smaïn, quasiment inconnu des nouvelles générations, alors que c'est ce natif de Constantine qui fut le père spirituel de l'infâme Jamel Debbouze et, indirectement, de tous les humoristes d'origine maghrébines issus des quartiers populaires de France.

Véritable star dans les années 80, Smaïn, né en Algérie de parents inconnus, se fit connaître par ses sketchs humoristiques dégradants et caricaturaux envers les Arabes de France ; l'accent « blédard », même si l'Arabe est candidat à la présidentielle ; le rôle de l'Arabe voleur ; bref, le stéréotype du Maghrébin de France inassimilé et éternel étranger. Selon notre lecture, Smaïn est *le Nawell Madani* des années 80 ; un Arabe n'ayant pas grandi dans un quartier populaire ; ne parlant pas l'arabe ; mais qui joue « *l'Arabe de quartier* » pour faire rire les Français « de souche ». D'ailleurs, Smaïn l'a avoué à plusieurs reprises dans des interviews, plusieurs décennies après sa période de succès. En 2015, lorsque le journal 20 minutes lui demandait la manière de définir son image, Smaïn déclara :

*« J'étais le rebeu de service, ce qui est d'autant plus drôle que **je ne suis pas arabe**… »*[2]

Lors d'une interview pour l'émission belge « *Hep Taxi !* », Smaïn refusa catégoriquement l'idée d'avoir été le « *premier humoriste arabe* » :

*« Pourquoi ? **Pourquoi premier humoriste arabe ?** Est-ce qu'on dit premier humoriste juif ? Non. On dit quoi ? Je pense que c'est extrêmement sournois, en même temps ce n'est pas de sa faute, **pourquoi me projeter encore dans cette identité, que j'assume évidement, entre parenthèses quand je ne sais pas d'où je viens, je ne sais pas d'où je viens, je ne sais pas qui je suis**, c'est plus facile pour moi de répondre, mais pourquoi sans cesse vouloir enfermer systématiquement dans une différenciation ? Et si j'avais été juif j'aurais été juif, **si j'avais été arabe, j'aurais été arabe**, j'assume complètement. »*

En 2018, dans une interview pour « *Salut les Terriens* » de Thierry Ardisson, ce dernier lui dit également qu'il est le « *premier humoriste*

---

[2] 13 mai 2015

arabe » ; Smaïn rejette cette identité avec un mépris symptomatique, en lui répondant : « Je *n'aime pas ce mot, « arabe ».*[3]

Smaïn rejette désormais cette identité « arabe », alors que c'est précisément en faisant son « *beur* » durant toute sa carrière qu'il a pu faire son « *beurre* » et atteindre le succès, participant à cette stigmatisation de l'image de l'Arabe de France par le vecteur de l'humour, comme le font jusqu'aujourd'hui des artistes comme *Nawell Madani*, dont il sera question dans cet ouvrage.

Après Smaïn, c'est Jamel Debbouze, Français d'origine marocaine, qui, dans les années 90-2000, prit le flambeau de l'humoriste d'origine algérienne sur le déclin. Jamel Debbouze, improvisateur de talent, bâtit sa belle carrière sur l'image de l'Arabe de banlieue, mi-*blédard* mi-Français, avec des expressions ayant fait sa renommée « *Dites-moi pas qu'c'est pas vrai !* ; *Tit suite* ! ; et compagnie. L'humoriste et acteur né à Paris et ayant grandi à Trappes, dans les Yvelines, qui, plusieurs années plus tard, se permet d'avoir l'outrecuidance de demander à

---

[3] 13 janvier 2018

ce qu'on réforme l'islam, qu'on réforme le coran, afin qu'on y autorise la consommation d'alcool et de viande de porc[4] ; et qui donne le prénom « Léon » à son premier enfant.

Nous verrons, dans le deuxième chapitre de notre ouvrage, les dégâts que peuvent causer les productions artistiques sur l'image de l'Arabe de France, à travers un décryptage sommaire de la nouvelle série produite par Netflix et coréalisé par l'humoriste belge issue des quartiers aisés de Bruxelles, *Nawell Madani*.[5]

Nous terminerons ce travail par une analyse de ce que nous avons appelé la « culture de banlieue », dont nous verrons les origines bourgeoises dans un prochain ouvrage.

---

[4] Ajib.fr 21 janvier 2011

[5] L'analyse et le décryptage exhaustif de cette série seront à retrouver dans un ouvrage ultérieur, consacré au lien entre la bourgeoisie franco-américaine et ce que nous avons appelé la « culture de banlieue ».

CHAPITRE I

LES ARABES COLLABOS

La colonisation européenne des pays maghrébins ct, dans une plus large mesure, africains, n'avait pas pour seule finalité une occupation territoriale suivie de l'accaparement des richesses du sous-sol du continent. En effet, cette entreprise impérialiste avait également un aspect « humain », puisque le but était de « civiliser » les peuples autochtones, jugés arbitrairement comme étant des êtres primitifs et inférieurs. Pour les Occidentaux suprémacistes, tous les peuples qui vivent sur Terre sans partager leurs mœurs, leurs croyances, leur morale ; étaient considérés, selon des critères, encore une fois, totalement arbitraires, par ces « Blancs », comme des individus de « races » inférieures. Le devoir « moral » des races prétendument « supérieures », les Européens, donc, était d'amener ces êtres primitifs à la « civilisation » (entendre, les valeurs occidentales), et cela, sans prendre la peine de leur demander leur avis.

Dans ce schéma, nous pouvons remarquer que le terme « civilisation », utilisé par les Occidentaux, est employé comme étant l'expression de la culture, des valeurs et des mœurs des « Blancs ». Pour ces derniers, la seule « civilisation » qui puisse exister est celle qui est issue de monde occidentalo-chrétien. Tous les peuples dont les coutumes, les traditions, ou les croyances n'entrent pas dans ce schéma civilisationnel occidental, ne peuvent, à leurs yeux suprémacistes, être considérés comme étant des populations « civilisée ». Afin de parvenir à cet objectif de « civiliser » les peuples colonisés, la première étape était, naturellement, après les avoir initialement dévalués, de les dévêtir de leur patrimoine civilisationnel, de leurs mœurs, traditions et croyances, dans le but évident de les substituer par les leurs, fraîchement importés du Vieux Continent. En effet, pour acculturer, et, par la suite (logique), assimiler, il convient , en premier lieu, de dévaluer les mœurs et les coutumes des populations ciblées.

Pour cela, les suprémacistes et colons européens ont entrepris diverses démarches d'acculturations à l'endroit des populations arabo-musulmanes des pays du Maghreb. Parmi elles, les tentatives infructueuses d'évangélisation de la population « indigène », ou, encore, l'octroi de la nationalité française (refusé par la majorité de la population algérienne) à une certaine partie d'entre elle. Pourtant, toutes ces tentatives se sont révélées vaines, les Arabes musulmans étaient restés irrévocablement sourds et absolument insensibles à cette idée de remplacer leur religion et leurs traditions par celles du colon impérialiste, au grand dam de l'arrogance suprémaciste des envahisseurs étrangers.

Cependant, malgré la fin de la colonisation physique et territoriale de l'Afrique du Nord, celle-ci n'a pas réellement disparu, puisqu'elle s'est, en réalité, modernisé en un néo-colonialisme politique, culturel, idéologique, et même linguistique. Effectivement, cette entreprise coloniale territoriale des États arabes d'Afrique septentrionale ayant connu son épilogue en 1962, cette démarche impérialiste a pourtant continué à subsister, et subsiste encore, et plus que jamais, au sein des populations arabo-musulmanes à travers le monde. L'essence idéologique ayant poussé les Occidentaux à entreprendre leur « mission civilisatrice » mortifère, est toujours d'actualité, étant donné qu'une nouvelle forme de colonisation idéologique, certes plus subtile, mais nullement moins dévastatrice, empoisonne encore les cœurs et les esprits du peuple arabe ; en important ses lois et son système à des peuples n'étant pourtant pas issu de cette matrice civilisationnelle.

La quintessence de cette situation, c'est évidemment en France que nous la retrouvons. Le gouvernement français prend particulièrement à cœur le fait d'imposer ses normes et ses valeurs à sa minorité arabo-musulmane, dans le but de les « assimiler », ce qui signifie très implicitement, les acculturer, et donc, par définition, les dévaluer, comme ce fut le cas pour leurs ancêtres, plusieurs décennies plus tôt. En effet, la France, par ses différents représentants, ne cesse de demander, ou plutôt d'exiger à ses citoyens arabo-musulmans de s'intégrer, de s'assimiler, et, en somme, de faire allégeance totale aux « valeurs républicaines ». Mais que signifie, au juste, se soumettre aux valeurs républicaines ? Sur quoi cette injonction est-elle fondée ? Quelle est sa valeur légale ?

En fait, lorsque nous regardons de plus près, nous n'avons pas grand mal à comprendre que tout ceci ne s'apparente qu'à une vaste supercherie suprémaciste (encore une fois). Effectivement, en premier lieu, il est indispensable de rappeler que <u>la *« soumission aux valeurs républicaines »* n'est aucunement une règle juridique, et n'a donc aucune valeur légale</u>. Il n'est ainsi pas normal, et il ne doit pas donc pas être permis non plus de s'ériger en tant que porte-voix de la République pour intimer aux musulmans d'adopter les « valeurs républicaines ». Il n'existe absolument aucune loi (pour l'instant, en 2023), qui oblige ses citoyens à adhérer aux *« valeurs républicaines »*. Aucun texte de loi ne force les citoyens français d'origine maghrébine et d'obédience musulmane à se soumettre à la « culture française ». Les « valeurs » ne sont pas des lois, ces deux termes ne sont aucunement synonymes, et ne peuvent alors nullement être employés de manière interchangeable. A partir de ce constat, il est aisé de comprendre qu'aucun homme politique, aucune personnalité médiatique, aucun intellectuel, n'est en droit et n'a la légitimité de dire à ses concitoyens la manière dont ils doivent vivre, se comporter, ou même les « valeurs » auxquelles ils doivent adhérer, si la loi elle-même ne le fait point.

<u>Demander aux musulmans d'adhérer aux « valeurs françaises » est totalement déplacé et risible, car cela ne repose sur aucun élément juridique</u>. Pour prendre un exemple comparatif, ce serait comme si un pays arabo-musulman demandait à ses citoyens non-musulmans de se soumettre aux valeurs de la civilisation islamique. Cela n'aurait, évidemment, pas le moindre sens. Les citoyens français, de n'importe quelle obédience ou origine, doivent demeurer libre de leurs choix concernant les valeurs qu'ils adoptent, qu'ils choisissent, et qu'ils souhaitent transmettre à leur descendance. L'intégration à un pays ne peut décemment être basée sur des critères abstraits et arbitraires, mais sur des éléments objectifs et juridiques. Personne n'a le droit de demander à un Arabe de donner à sa progéniture des prénoms à consonances françaises ou européenne, au nom de l'intégration et du respect des valeurs républicaines. Personne n'a la légitimité de dire à une femme la manière

dont elle doit ou devrait se vêtir, au nom, encore une fois, d'une soumission aux « *valeurs républicaines* ».

Chacun a le droit de choisir la manière dont il veut vivre ou s'habiller, tant qu'il n'enfreint pas les lois du pays dans lequel il réside. <u>Lorsque quelqu'un dit qu'une femme arborant le foulard islamique ne respecte pas les valeurs françaises républicaines, en réalité, cette personne affirme de manière implicite que l'État français non plus ne les respecte pas, car celui-ci n'interdit pas à ces femmes de porter le voile (hormis dans certains cadres).</u> Pourquoi donc certains pseudo-porte-parole autoproclamés de la République ne s'attaquent-ils pas directement à l'État français, en lui reprochant de ne pas respecter les valeurs de la République, puisque cet État permet à ces femmes de se vêtir de manière non conforme aux valeurs républicaines ?

Quoi qu'il en soit, il est manifeste que des Arabo-musulmans, que ce soit durant la période coloniale ou à notre époque contemporaine, ont quand même fini par s'acculturer, et se « franciser ». En effet, bon nombre d'entre eux ont cédé et ont fini par se dévêtir de leur identité, pour revêtir, bien que de manière artificielle, les habits civilisationnels de leur colonisateur (physique ou intellectuel), au nom de la « modernité ».

La terminologie employée, ici, n'est pas le fruit du hasard, et est même particulièrement cruciale et très révélatrice, puisque la modernité est devenue un synonyme de la « francisation ». Effectivement, nous remarquons que tous les éléments de la société française ne sont plus perçus comme étant l'ensemble d'un schéma civilisationnel, celui de la France, mais un glissement en a subtilisé le sens pour en faire LE modèle de société moderne, unique et universel. De même que, durant la période de la domination coloniale du Maghreb, les Arabes laïcisés, francisés, voire, christianisés pour certains (une infime minorité), étaient perçus – du moins théoriquement- comme étant les parfaits modèles de réussites sociales. Aujourd'hui, en France, il existe deux types d'Arabes : le bon et le mauvais arabe. Le bon arabe, ce n'est ni plus ni moins qu'un Arabe qui n'est plus vraiment un Arabe, plus tellement musulman, ou, encore mieux, un musulman « laïc ». Le collabeur est la quintessence du produit de propagande française des siècles précédents. Pourtant, ce néo-harki est intimement persuadé, dans sa naïveté pathologique, d'être un être à part et de faire preuve d'un comportement subversif en s'attaquant aux siens et en reniant son héritage civilisationnel et cultuel ancestral (car oui, le harki 2.0 n'ouvre jamais sa bouche, hormis pour s'attaquer aux Arabes, aux musulmans et à l'islam).

Cependant, ce dernier n'a pas pris conscience que c'est, en réalité, totalement l'inverse, puisqu'il est parfaitement dans le rôle et la fonction idéologique et politique que le système néocolonial lui a octroyé, celui de l'Arabe soumis et déshonoré qui a tronqué ses valeurs, son identité véritable et son peuple contre quelques privilèges matériels et une meilleure évolution sociale que celle de ses « frères ». En fait, l'Arabo-collabo est un peu, de manière anachronique, un nègre de maison, un oncle Tom, un esclave, certes, mais un esclave un peu mieux traité que le nègre des champs. Ce nègre, qui a le « privilège » de vivre aux côtés de son maître, n'hésite pas à apostropher le nègre des champs ou à le dénoncer à son maître lorsqu'il fait preuve de désobéissance ou de rébellion. Il n'est point compliqué de reconnaître ce genre d'énergumènes, tant le degré de soumission de cet Arabe complexé postcolonial frôle la mauvaise caricature et saute aux yeux, même chez celui qui serait atteint d'une sévère cécité.

Tout d'abord, le collabeur est repérable et identifiable par sa terminologie, qui est précisément celle de ses maîtres issus de la « fachosphère » islamophobe et anti-arabe. En effet, en parfait soumis, le néo-harki ne possède nullement la capacité de développer et d'exprimer une pensée qui ne serait pas issue du corpus idéologique de ses maîtres occidentaux. Évidemment, cet Arabe collabo et intégralement soumis, utilise, par un mimétisme linguistique et sémantique assez risible et avec un zèle douteux, les termes *« extrémistes »*, *« islamiste »*, *« fondamentaliste »*, ou, encore, *« radicalistes »*, à l'endroit de ses frères de « race », que ses maîtres ont pris pour cible. Bien sûr, pour obtenir grâce aux yeux de ses maîtres, cet arabo-musulman de façade doit impérativement témoigner de son allégeance et de sa soumission intellectuelle en prenant publiquement des positions particulièrement critiques et virulentes à l'encontre des Arabes, des musulmans, ou de l'islam et ses préceptes.

Avec un zèle dont l'indécence n'a d'égale que son ridicule, ce harki 2.0 doit montrer, dès qu'il en a l'occasion, son horrification la plus absolue des pratiques islamiques, comme, par exemple, lorsqu'il s'agit de s'attaquer aux femmes arborant le voile, afin de retirer, sans en avoir le crédit, la légitimité et le droit légal, leur droit moral et intellectuel de se vêtir selon les préceptes de la foi musulmane.

Pour conclure ce portrait de l'Arabo-collabo, nous pouvons dire sans mal que ce dernier est utilisé par le système en tant que larbin pour justifier et (ou) cautionner leurs attaques systématiques (et systémiques) envers la communauté arabe et musulmane de France et contre l'islam en tant que tel. Pour accéder à cette catégorie de collabo, les Maghrébins de France doivent faire preuve d'une fidélité envers leurs maîtres qui atteint un degré d'ardeur et de zèle qui tutoie allégrement l'hystérie. En effet, le néo-harki est plus royaliste que le roi, ou du moins, il essaye de l'être. Pour avoir la « chance » de s'attirer les faveurs de son maître, l'arabe collabo doit être l'incarnation physique et morale la plus absolue de toutes les valeurs occidentales mortifères et antimusulmanes ; et, dans le même temps, il doit être également l'arabe ou le « musulman » le plus dévêtu de ses attributs civilisationnels arabo-islamiques, tout en affichant, avec une indécence impudique, sa fierté de les avoir remplacés par celles de son maître européen.

En réalité, le harki 2.0 se doit d'être encore plus laïc que le laïcard le plus acharné parmi les Français « de souche », plus républicain qu'un républicain « blanc », et plus critique envers l'islam civilisationnel et ses valeurs que le plus hystérique des islamophobes. D'ailleurs, il est impératif, pour cet Arabe collabo, de s'attaquer dès qu'il le peut (ou, en réalité, dès qu'il en reçoit l'ordre) à l'islam ou à sa communauté d'origine. Effectivement, pour satisfaire ses maîtres, ce collabeur doit faire preuve d'une soumission paroxysmique à leur endroit en attaquant violemment, dès qu'il en a l'occasion, ses « frères » et les musulmans ainsi que leur croyance. Cette serpillère humaine laïc et « modéré » doit, naturellement, s'offusquer au plus haut point lorsqu'il aperçoit le moindre début de pilosité faciale chez son compatriote arabe, de même que, la collabo féminine et féministe, son alter-égo, qui généralement est caractérisée par son attitude dévergondée et impudique, s'érige arbitrairement le droit de s'attaquer à la femme musulmane portant le foulard islamique, comme le lui prescrit sa religion. Le tout, évidemment, en usant de la même terminologie que celle de la fachosphère islamophobe et anti-arabe.

Ils se détestent plus que tout au monde ; leur rêve, c'est de ne pas être eux ; de ne pas avoir les ancêtres qui sont les leurs. Leur souhait le plus cher, en tant que complexé identitaire, c'est de substituer leur identité et leur héritage civilisationnels par ceux de leurs maîtres idéologiques. Leur degré de soumission intellectuelle atteint un degré paroxysmique effrayant. Ils sont parfaitement dans le rôle que leurs maîtres attendent d'eux ; celui de larbins acculturés qui servent de caution aux attaques envers la communauté arabo-musulmane de France. Le néo-harki se haït au point de vouloir s'assimiler intellectuellement à ceux qui le méprise pour ce qu'il est.

Les néo-harkis usent de la terminologie typique de la « fachosphère » franco-française, en s'imaginant risiblement que cela leur fera paraitre meilleur et mieux intégré aux yeux de leurs maîtres. Leur soumission intellectuelle frôle l'hystérie, pour ne pas dire qu'elle tutoie la folie. Leur attitude fait d'eux des serpillères humaines, du papier toilette sur pattes dont la seule utilité consiste véritablement à essuyer les excréments que leurs maîtres défèquent avec une allégresse particulière sur leurs coreligionnaires non-soumis. Cependant, le problème est que, de manière analogue à la matière fécale de leurs maîtres, le papier de toilette usagé à forme humaine que sont les néo-harkis finira également au fond de la cuvette, et que ces derniers n'auront ni peine ni scrupule à actionner la chasse d'eau lorsque les *collabeurs* ne leur seront plus d'aucune utilité. Des Arabes à l'esprit colonisé qui tentent de faire plus « français » que les « Français » dans une ridicule tentative de surenchère de la « *francité* ». Il serait intéressant que les Harkis 2.0 cessent de penser que frotter la manche et donner une partie de leur corps (qu'il n'est nullement utile de nommer) à des gens qui les méprisent changera la perception que ceux-ci ont à leur égard ; des Arabes bien intégré, donc plus trop des Arabes, finalement.

Le néo-harki étant un cas, certes, extrême du phénomène d'acculturation subi par les Arabes de France dans une certaine proportion. Pourtant, même sans forcément atteindre ce degré de soumission intellectuel et idéologique envers leurs anciens maîtres, beaucoup de Franco-maghrébins restent, de manière inconsciente, dans une position qui fait d'eux des êtres soumis à la France républicaine antireligieuse par essence et à ses valeurs suprémacistes. En effet, beaucoup d'Arabes de France tombent dans ce piège factice du multiculturalisme et du mondialisme (occidentalisme, en réalité) tendue par les élites lorsqu'ils se revendiquent de l'identité française en même temps que de l'identité de leurs origines familiales (sans parler de ceux qui les rejettent carrément, s'imaginant réellement être les descendants directs de Clovis ou de Vercingétorix alors que leur histoire en France commence en 1960).

Ce qu'il est primordial de comprendre, c'est que lorsqu'un Maghrébin de France se revendique « Français » au niveau de sa substance identitaire, celui-ci prolonge inconsciemment l'essence de la colonisation morale qui était le pendant intellectuel de la colonisation physique et territoriale des années 1800. Effectivement, comme nous l'avons mentionné dans les pages précédentes, l'entreprise impérialiste du début du XIXe siècle, en plus du dessein économique évident, avait pour objectif et comme substance idéologique une démarche « civilisatrice ». Cette « mission civilisatrice »[6] consistait à affirmer la suprématie des valeurs occidentales et de son schéma civilisationnel. Cette prétendue prédominance du « génie » européen et de la civilisation occidentale lui donnait, non pas seulement le droit ou la légitimité, mais surtout le devoir de « civiliser » et de dénigrer les peuples jugés arbitrairement comme « attardés » et inférieurs, selon leur propre paradigme. Pour les suprémacistes « Blancs », les populations peuplant le continent africain étaient des peuples sans identité et dénué de caractère civilisationnel. Ces régions situées sur la rive sud de la mer Méditerranée n'étaient habités que par diverses peuplades sauvages ou à demi-sauvages, sans vraiment de patrimoine culturel et (ou) transcendantal. Il était donc on ne peut plus légitime pour les colons « supérieurs » de leur apporter les « bienfaits »

---

[6] Nous avons eu l'occasion d'analyser les effets de cette « mission civilisatrice » dans l'un de nos ouvrages précédents : L'Algérie, une création française ? Déconstruction du mensonge colonial. Renaissance Arabe Éditions.

de la « civilisation », en leur offrant la « chance » de les intégrer à leur culture et à leurs mœurs.

C'est précisément ce qui se passe aujourd'hui, à notre époque, par le biais de la mondialisation, qui n'est, en réalité, que l'importation du modèle occidental dans le reste de l'humanité. Pour donner un exemple imagé qui permettra rapidement au lecteur de comprendre notre propos, il suffit de citer la tenue vestimentaire de la majorité de la population masculine peuplant le monde : pantalon, chemise, veste de costume, cravate. Même certains chefs d'État de certains pays arabes, notamment ceux situés en Afrique du Nord, se présente publiquement vêtus à la manière européenne ; lorsque le président algérien Abdelmadjid Tebboun fait une apparition publique en costume-cravate, plutôt que dans une tenue traditionnelle arabe, il ne fait que s'habiller selon une manière de se vêtir importé. Osera-t-on imaginer Emmanuel Macron ou Joe Biden s'habiller quotidiennement en qamis émirati avec un turban arabe sur la tête ?

A notre époque contemporaine, tout ce qui n'entre pas dans les schémas modernistes occidentaux, désignés implicitement comme universels, est considéré arbitrairement comme étant arriéré, sous-développé, archaïque et incompatible avec la démocratie (la démocratie elle-même est un système de gouvernance occidental imposé comme étant le seul et unique modèle qui soit acceptable). Cette suprématie néocoloniale a créé, en quelque sorte, une schizophrénie identitaire chez bon nombre d'Arabes, qu'ils soient originaires d'Occident ou même, de plus en plus, du monde arabe. Ces derniers, n'ayant le plus souvent que très peu, voire aucune connaissance historique et ne cherchant nullement à s'y intéresser même de manière superficielle, sont caractérisés par une acculturation manifeste et une absence de personnalité identitaire propre et authentique.

Pour preuve de cette bipolarité identitaire pathologique, nous pouvons citer cette majorité de Maghrébins de France se revendiquant, dans le même temps, Français, tout en affirmant leur opposition au colonialisme. Également, ces Arabes de France se revendiquent comme étant Maghrébins, affichant leur fierté de voir leurs pays d'origine avoir obtenu leur indépendance il y a plusieurs décennies de cela. Le problème, c'est que, dans le même temps, le Franco-maghrébin fier de revendiquer l'indépendance algérienne lorsqu'arrive la date du 5 juillet, rend généralement souvent hommage aux tirailleurs maghrébins, ces derniers ayant servi l'armée coloniale française durant les deux grandes guerres (mais pas seulement), affichant par là une contradiction totale et particulièrement symbolique[7]. En effet, il est irrévocablement contre le bon sens de se revendiquer, d'une part, de la pensée du FLN et de son combat, tout en prolongeant l'idéologie contre laquelle ce même FLN s'est battu. Il est contraire à la raison de jeter l'opprobre sur les Harkis qui ont fait le choix de combattre leur pays au service de l'armée française

---

[7] Il est idéologiquement schizophrénique de revendiquer, dans le même temps, l'indépendance algérienne, donc, la victoire algérienne durant la guerre d'indépendance ; ainsi que les tirailleurs algériens servant l'armée du pays colonialiste contre lesquels les indépendantistes algériens ont lutté. Ce serait un peu comme si un Français d'origine allemande aux idées nazies affichait sa fierté de la victoire européenne lors de la Seconde Guerre mondiale, tout en revendiquant être favorable au combat mené par Hitler.

colonialiste afin que l'Algérie puisse demeurer française ; tout en rendant hommage aux tirailleurs maghrébins de l'armée colonialiste, qui combattait leurs frères et leur patrie aux côtés de la France impérialiste[8].

C'est bien là que nous situons le problème de cette schizophrénie identitaire et idéologique ; on ne peut décemment être un Algérien nationaliste et anticolonialiste (par définition) tout en étant dans un prolongement du projet colonialiste initial, qui était précisément de faire de ces Maghrébins des Français, donc plus des Maghrébins. Un Maghrébin qui, en 2023, se revendique Français (au sens identitaire et non pas juridique), donne raison, sans s'en

---

[8] Les jeunes Français d'origine maghrébine sont bien souvent peu au fait des événements historiques, ce qui les rend totalement étrangers au concept d'anachronisme. Pour preuve, beaucoup d'Arabes de France pensent qu'il existerait une différence fondamentale entre un « harki » et un « tirailleur ». Pourtant, il est important de rappeler qu'un « harki » n'est que le soldat algérien servant dans l'armée française au sein d'une formation paramilitaire, qui se nomme « harka » en langue arabe. Ce terme n'est apparu que durant la guerre d'Algérie, ce qui ne signifie pas pour autant qu'il n'existait pas d'Algériens enrôlés dans l'armée coloniale avant le début de la guerre. Les tirailleurs maghrébins et les harkis sont les deux faces d'une même pièce.

rendre compte, aux colonisateurs en leur démontrant que ceux-ci avaient raison de venir en Afrique du Nord coloniser leurs parents et leurs grands-parents. Se revendiquer être « fier d'être Français », c'est faire aveux, certes de manière inconsciente, mais totalement réelle, que les raisons pour lesquelles les Français ont débarqué dans les pays du Maghreb, au début du XIXe siècle, étaient justes et légitimes. De la même manière que les colonisateurs impérialistes firent en sorte de faire oublier à leurs nouveaux sujets qu'ils avaient des racines, des origines, un patrimoine ancestral, en somme, la mondialisation reproduit ce schéma avec les Arabes de France (entre autres), qui oublient, comme certains de leurs ancêtres, qu'ils ont, eux aussi, des origines ancestrales, qu'importe leur lieu de naissance, qui ne représente rien ou pas grand-chose dans une perspective identitaire ni même dans une réalité sociétale.

L'identité environnementale

Les dynamiques sociales ayant façonné les rapports entre l'Occident et la zone nord-africaine du monde arabe ces dernières décennies ont complètement bouleversé le rapport à l'identité qui était celui des anciennes générations de personnes d'origine maghrébine. En effet, depuis quelque temps, la position dominante dans nos régions (Europe occidentale) est que ce serait le lieu de naissance d'un individu qui devrait constituer son identité fondamentale, reléguant l'origine ethnique au rang d'exotisme folklorique. Pourtant, la réalité n'est pas aussi simpliste. Tout d'abord, il est nécessaire de préciser qu'une position géographique n'est pas (toujours) forcément le premier élément qui constitue la substance identitaire d'un individu, particulièrement dans un schéma global mettant une personne face à la réalité du monde extérieur. Effectivement, un lieu de naissance ne transforme pas *ipso facto* le regard que le reste du monde pose sur lui ; un Arabe né en France, en Algérie ou en Suède restera perçu comme un Arabe[9], puisque son faciès, son

---

[9] Du moins, durant un certain temps ; le temps que durera son paradigme endogame. Une personne d'origine arabe qui donne naissance à un enfant issu d'une union avec un individu non-arabe, son enfant, métisse, sera perçu comme « moitié arabe » ; si cette personne métisse fait des enfants avec un non-arabe, il y a de fortes chances que ces enfants ne soient plus perçu comme des « Arabes », surtout si ces derniers portent des prénoms

patronyme et ses origines familiales le renverront toujours à ses origines ethniques aux yeux des personnes étrangères. Certes, un Français (un francophone, en réalité) sera toujours perçu, aux Etats-Unis, en Asie, ou ailleurs comme un Français, peu importe ses origines, puisque la langue reste le principal vecteur identitaire d'un individu ; mais son faciès ne sera pas pour autant totalement disqualifié[10] ; ce qui signifie que le lieu de

d'origine non-arabe, comme c'est souvent le cas avec des enfants d'immigré de troisième ou quatrième génération. Avec le temps, le souvenir des origines arabes de cette famille disparaitra en même temps que le faciès et les patronymes qui les caractérisent. Pour donner un exemple concret, combien d'entre nous sommes au courant que Steve Jobs, fondateur de la marque Apple, est d'origine arabe, né d'un père égyptien du nom d'Abdullfattah ? Qui pourrait, sans subir de moquerie, affirmer que Eva, Reed Paul, Erin Sienna et Lisa Brennan-Jobs, les enfants de Steve Jobs, sont des Arabes ?

[10] Par exemple, les jeunes Français d'origines maghrébines se rendant en vacance en Thaïlande sont appelés les « *French Arabics* » (Arabes Français) par les locaux, ce qui démontre qu'un Arabe, qu'il soit Français ou autre, ne peut se détacher de son origine qui est généralement inscrite sur son faciès.

naissance d'un individu ne peut se substituer à ses origines ethniques et familiales. Chaque type de population dans le monde possède généralement un phénotype bien précis.[11]

En Chine, où la population extra-asiatique ne représente qu'une partie infinitésimale de la démographie du pays, un Noir ou un Arabe, même né en Chine ou ayant grandi en Chine, ne sera jamais perçu comme un « Chinois » mais comme un étranger.

De la même manière, nous avons rarement vu des Blancs nés au Sénégal se revendiquer Sénégalais ou devenir Sénégalais, tout comme un Chinois né au Maroc ne sera pas considéré comme étant Marocain. Un exemple très parlant est celui des Français nés en Algérie depuis plusieurs générations, depuis la

---

[11] Ce qui n'annule évidemment pas le fait qu'il puisse également exister une diversité plus ou moins importante au sein de diverses populations selon les dynamiques migratoires propre à chaque région du monde. La question, ici, n'est pas à prendre dans un sens racialiste comme le firent les Nazis, mais dans un sens sociologique tenant compte des mouvements de populations propre à chaque pays.

conquête française de 1830 et l'installation des premiers colons européens dans le pays. Jamais ces Français d'origines ne se sont « intégrés » à la nation algérienne. Jusqu'aujourd'hui, en 2023, les derniers Français résidant en Algérie depuis près de 200 ans continuent de parler français, la langue de leurs aïeux venus du Vieux-continent, sans même être en mesure de prononcer une seule phrase en arabe dialectal algérien (ce qui est très significatif puisque leur refus irrévocable d'apprendre à parler la langue du pays dans lequel ils ont grandi démontre leur hostilité à l'idée de s'intégrer à la société des anciens « indigènes »), bien que ces derniers soient nés et ont grands dans ce pays dont l'environnement est arabo-musulman. Les Français d'Algérie (d'ailleurs toujours appelés et considérés comme tel, et jamais comme des Algériens à part entière) ne se sont jamais considéré comme étant des Algériens, encore moins Arabes, mais toujours comme des « Français d'Algérie ».

Pour prendre un exemple imagé, disons simplement qu'un lion qui serait né dans une porcherie ne deviendra pas un porc pour autant ; de même qu'un chat né au milieu des chiens ne deviendra jamais un chien, même s'il essaye de leur ressembler en singeant leurs comportements ou leurs manières d'aboyer. Encore une fois, une zone géographique, un lieu de naissance, bien qu'important, ne peuvent pourtant nullement constituer la matrice identitaire primaire d'un individu, mais seulement une composante (importante) de cette matrice.

La principale raison pour laquelle les Arabes nés en France sont persuadés d'être des Français à part entière est la confusion inconsciente entre leur identité substantielle et ce que nous avons appelé leur « *identité environnementale* ». En effet, un Arabe né en France et ayant grandi dans ce pays possède, par l'environnement dans lequel il baigne depuis sa naissance, une certaine part de francité (qu'il serait inconscient de nier), fut-elle réduite aux éléments qui constituent le cadre dans lequel il a vu le jour. De manière on ne peut plus naturelle, les rues de Paris, de Marseille, de Lyon ou de Lille lui sont beaucoup plus familiers que celles d'Alger, de Casablanca ou de Tunis, villes dans lesquelles il ne se rend qu'occasionnellement pendant les vacances d'été, dans un but à caractère divertissant avant de rentrer « chez lui », dans « son » pays.

Cette identité environnementale fait que les Arabes de France, ayant grandis avec les mêmes codes, le même langage (et la même langue, surtout), ressentent un réel écart identitaire entre eux, les Franco-maghrébins, et les « blédards » ; les « vrais » Maghrébins, ceux nés en Afrique du Nord. Ceci est sentiment naturel, puisque leurs environnements respectifs sont très différents, ne serait-ce qu'au niveau de la langue dans laquelle les deux « camps » s'expriment. Pourtant, cela ne doit pas les tromper ni leur faire croire que, parce qu'ils ont des codes et des éléments de langage différents, ils seraient diamétralement opposés. N'oublions pas que, de manière générale, ces Franco-maghrébins sont nés en France de parents « blédards » ; les parents et les enfants sont-ils, pour autant, d'identités distinctes ? De même qu'un Français, qu'il soit « de souche » ou non, qui serait né au fin fond d'un village alsacien qui débarquerait, à l'âge de 25 ans, en plein centre de Paris, se sentirait, lui aussi, étranger à son nouvel environnement ; mais la question est celle-ci : est-il vraiment étranger pour autant, ou serait-ce plutôt une impression due au changement radical d'environnement qu'il a connu ?

Il est plus que nécessaire, pour sortir de cette acculturation qui ronge la majorité des Arabes de France, de bien comprendre <u>qu'il y a une différence claire entre une identité ancestrale et une identité environnementale</u> ; la première constitue l'identité première et profonde de l'individu ; ses origines, son patrimoine culturel ; tandis que la seconde, bien que réelle, est une identité superficielle sur laquelle il n'est pas possible de fonder la totalité de son identité, car ne reposant que sur des bases fragiles et non fiables.

Une nationalité pas toujours suffisante

Un autre élément sur lequel les prosélytes de l'acculturation se basent pour propager leur doctrine est la nationalité juridique de l'individu. Pourtant, il serait tout aussi erroné et utopique de croire qu'il suffit d'être détenteur de la nationalité d'un pays pour en être considéré (dans les faits et non pas seulement en théorie) comme un citoyen à part entière.

En effet, le quotidien des Français d'origine arabo-musulmanes, depuis des décennies, dans un pays qui est censé être les leurs de droit, leur prouve que leur carte d'identité ou leur passeport couleur bordeaux ne sont absolument pas des éléments suffisants pour faire que ces derniers soient considérés comme étant parfaitement français. En effet, même après trois ou quatre générations de présence arabe sur le sol français, les Franco-maghrébins sont pourtant toujours considérés comme des étrangers, ou, dans le meilleur des cas, comme des Français de troisième zone. Les discriminations, tant au niveau populaire que systémique, subit par les Arabo-musulmans de France, sont une preuve suffisante pour démontrer que le fait d'être détenteur de la citoyenneté française n'est nullement un élément indiscutable pour pouvoir fonder son identité dessus. Qu'importe le sang versé pour la France par les Harkis et les tirailleurs maghrébins ; qu'importe la sueur des immigrés sollicités par l'État français par le biais de l'immigration ouvrière. Rappelons qu'il y a quelques décennies de cela, sous le règne d'un certain Hitler, les Juifs allemands pensaient également être des Allemands à part entière et nous avons tous en mémoire ce qui leur est arrivé ; l'histoire a démontré et continue de démontrer que, à l'heure de faire les comptes et le tri, la nationalité ne pèse pas toujours bien lourd dans la balance.

Pour conclure ce thème, nous dirons simplement qu'il est désormais grand temps, pour les Arabes de France, de comprendre que, bien qu'ils soient nés sur le sol français, il est difficile d'imaginer qu'ils puissent être un jour considérés autrement que comme des citoyens français de troisième zone. L'acculturation n'est même pas une garantie de leur intégration, puisque la consonance de leurs patronymes et leur faciès seront toujours les premiers éléments sur lesquels se baseront, en premier lieu, leurs interlocuteurs non-arabes. Un Arabe, même acculturé, sera toujours perçu comme un Arabe, même s'il décide de s'appeler Jean au lieu de Hossam[12]. Pourtant, leur présence en

---

[12] Rappelons l'exemple cocasse du risible « Jean » Messiah, immigré né en Égypte et ancien membre du parti politique Rassemblement National, qui passe le plus clair de son temps à se pavaner sur les plateaux de télévision dans le but de tenter de convaincre les Français « de souche » qu'il est un authentique français, au point d'accrocher un pins du drapeau tricolore sur sa veste de costume. Le 25 octobre 2021, Marine Le Pen, présidente

France est censée, logiquement, être plus légitime que celle de bien d'autres populations, eu égard au prix du sang versé durant les différentes guerres ainsi que celui de la sueur versée depuis leur débarquement en métropole suite à l'immigration ouvrière voulue par l'État français ; se battre pour tenter de changer les choses est une perte de temps puisque la République est raciste et islamophobe par essence. Nous avons bien vu durant le dernier mois de ramadan (2023) et la polémique grotesque sur les footballeurs du championnat de France observant le jeûne du mois sacré de Ramadan[13], que la France a un sérieux souci avec sa population de confession musulmane.

----

du RN, répondait à une déclaration de « Jean » Messiah, qui se disait être un « *Français républicain* », en disant qu'il était « *Égyptien copte* ».

[13] La Fédération de France de Football interdisait aux arbitres de prendre une pause de quelques minutes durant les matchs de football à l'heure de rompre le jeûne pour permettre aux joueurs musulmans de s'hydrater et de s'alimenter durant quelques secondes. Le plus cocasse, c'est que la FFF a pris la liberté de refuser quelque chose que les joueurs musulmans n'ont jamais demandé.

Il est symptomatique que la France soit précisément l'un des seuls pays d'Europe, voire, d'Occident, qui refuse, avec une obstination plus que suspecte, de prendre en considération l'évolution démographique de sa population. En effet, l'État français et ses représentants ont tendance à faire l'autruche en agissant et (surtout) en légiférant comme si la population nationale hexagonale était la même qu'il y a un siècle. La présence démographique importante[14] de la population musulmane en France ainsi que son bien-être ne sont que rarement prises en considération ; bien au contraire, puisque les seules fois où celle-ci est interrogée, c'est pour lui faire comprendre que ses mœurs, sa culture et sa foi sont incompatibles avec la France. <u>On demande aux musulmans juridiquement français de s'intégrer, de s'assimiler ; en somme, de se « *franciser* », preuve implicite que ces derniers ne sont pas perçus comme des Français à part entière, mais comme un corps étranger que l'organisme républicain tente de recracher par tous les moyens.</u>

---

[14] Entre cinq et dix millions selon les chiffres.

Si on demande (on exige, en réalité) à une partie de sa population d'adhérer aux « valeurs » républicaines, c'est qu'on estime qu'elle n'y adhère pas ; or, parait-il que, pour être « Français », il faille souscrire à ces « valeurs », ce qui signifie implicitement que les musulmans « français » ne le sont que juridiquement. Pourtant, il existe un piège, un véritable subterfuge terminologique et conceptuel dans ce sophisme affirmant que les musulmans n'adhérant pas aux « valeurs » républicaines ne sont pas de « vrais français ». En premier lieu, il faut rappeler qu'il n'existe pas de « vrais » ou de « faux » français au niveau juridique ; la nationalité et la citoyenneté sont des concepts juridiques basés sur la loi d'un pays donné ; on est Français ou on ne l'est pas ; et <u>la qualité de français est une notion juridique, et uniquement juridique, et aucunement d'ordre doctrinal. On n'est pas Français parce qu'on adhère à des « valeurs », mais parce qu'on répond à des critères bien précis qui ouvrent le droit à cette citoyenneté : la naissance sur le territoire français, la filiation, le mariage, ou encore la naturalisation.</u>

Les chantres de cette idéologie ont substitué les authentiques critères faisant d'un individu un citoyen français par des critères totalement inventés et arbitraire. En effet, il est important de rappeler qu'un individu « français » est une personne possédant la nationalité française ; or, si cet individu est Français, c'est qu'il répondait précisément aux critères susmentionnés, et aucunement parce qu'il adhérait à des prétendus « valeurs ». Donc, être Français signifie posséder la nationalité française, qui est accordée en fonction des lois et des procédures en vigueur en France. La nationalité française est déterminée par des critères juridiques précis, et n'est pas liée à des valeurs spécifiques. ; il n'y a pas de « test de citoyenneté » formel ou d'examen spécifique pour obtenir la nationalité française.

Le processus de naturalisation en France est généralement basé sur des critères tels que la résidence en France pendant une certaine période, la maîtrise de la langue française, la connaissance des valeurs et des institutions de la République française, l'intégration sociale et professionnelle, et l'absence d'antécédents judiciaires. Les candidats doivent soumettre une demande de naturalisation et fournir des documents pour prouver qu'ils remplissent ces critères.

Certes, il est possible de rétorquer qu'il existe pourtant bien des « valeurs de la République française », telles que la liberté, l'égalité, la fraternité, la laïcité et la solidarité, qui sont des principes fondamentaux qui sont inscrits dans la Constitution française et sont censés être respectés par tous les citoyens français, quelle que soit leur origine ou leur religion. Cependant, d'une part, cela n'implique pas uniquement les populations de confessions musulmanes, mais tous les individus souhaitant obtenir la citoyenneté française ; mais, également, un Français de naissance ne peut se voir déchoir de sa nationalité, car il ne souscrirait pas à ces « valeurs républicaines ».

L'un des exemples les plus symboliques de cette incompréhension (souvent volontaire) entre notions juridiques objectives et notions culturelles arbitraires, est la question du voile islamique porté par un certain nombre de femmes françaises de confession musulmane. En effet, on exige souvent de ces femmes ayant fait le choix de se couvrir le chef en rapport à leur foi, de ne pas respecter les « valeurs françaises », ce qui ferait d'elles donc des fausses françaises, ou des mauvaises françaises, dans le meilleur des cas de figure. Pourtant, il convient de rappeler que, <u>si le port du voile islamique n'est pas proscrit dans des textes juridiques, aucune prétendue « valeurs » n'est en droit de l'interdire</u>. Lorsque Marine Le Pen affirmait que la femme musulmane voilée doit :

« *...se soumettre aux traditions, aux mœurs, aux modes de vie et à la culture française. C'est la moindre des choses* ».

Il est important de rappeler à la présidente du Rassemblement National qu'il n'existe aucune loi qui exige d'une femme voilée qu'elle se « *soumette* » aux « *traditions, aux mœurs, aux modes de vie et à la culture française* » ; les lois exigent aux femmes (voilées ou non, musulmanes ou non) de se soumettre aux lois de la république, et non à des « *valeurs* » ; des « *mœurs* » ; à un « *mode de vie* » et à la « *culture française* ». Si une femme voilée ne respecte pas une loi française, elle risque les sanctions prévues pour le non-respect de cette loi ; mais cela est valable pour n'importe quel citoyen français, et aucunement pour les seuls musulmans.

Il est, également, primordial de rappeler que les termes « valeurs » et « lois » ne sont pas des notions et des concepts interchangeables. Il existe une interdiction, dans les textes de lois de la République française, de commettre un vol ou de porter atteinte à l'intégrité physique d'un individu ; mais il n'existe, en revanche, aucune loi qui oblige un citoyen à se « *soumettre à la culture et au mode de vie français* ». Mais il est possible que Marine Le Pen à des informations que nous n'avons pas en notre possession, comme, par exemple, l'existence de questionnaires et autres tests de « francité » que les citoyens français (de confession musulmane, de préférence) doivent impérativement compléter et réussir pour se voir attribuer la qualité de citoyen français. Question décisive : est-ce que Leila, femme musulmane voilée de 29 ans, doit être déchue de sa nationalité française parce qu'elle est plus sensible et réceptive à une chanson algérienne qu'à un tube de Claude François ? Leila doit-elle « *retourner dans son pays* » si celle-ci détourne le regard devant un bœuf bourguignon ou un gratin dauphinois, préférant céder à l'appel de ses papilles gustatives qui s'agitent devant un couscous merguez ou un tajine aux amandes ? Certes, une ironie non dissimulée teinte notre propos, mais certains individus ne sont pas très loin de faire de cette ironie une réalité ; comme le pestiféré Manuel Valls, immigré espagnol ayant obtenu la nationalité française à l'âge de vingt ans, qui ose dicter à des Français de naissance, parfois depuis plusieurs générations, la langue et les écrivains qu'ils doivent aimer :

« Aimez la France, aimez sa langue, aimez son histoire, aimez sa culture, aimez ses grands écrivains… »

Il est très étrange, pour un politicien, de dicter les goûts de chacun, au point d'en arriver à exiger que des personnes doivent obligatoirement *« aimer la culture française et ses écrivains »*, surtout pour un pays qui se veut l'ardent défenseur de la liberté. Pourtant, il faut être clair ; il n'existe pas la moindre trace d'une quelconque loi française qui exigerait des Français qu'ils doivent, pour être des citoyens accomplis, aimer lire les ouvrages d'Albert Camus ou de Montesquieu ; ce genre de propos tenus par Marine Le Pen ou Manuel Valls n'est que des balivernes sans fondements qui ne méritent aucune considération.

Le raisonnement islamophobe et raciste qui prétend que les musulmans de France ne sont pas de vrais français sous prétexte qu'ils n'adhèrent pas aux valeurs de la République est donc fondamentalement erroné. Il repose sur des stéréotypes et des discriminations envers les personnes de confession musulmane, et cherche à les exclure de la citoyenneté française sur la base de leur religion, ce qui est discriminatoire et contraire aux principes d'égalité et de non-discrimination. Il faut préciser que ces idées sont basées sur des préjugés, des stéréotypes et des discriminations, et qu'elles sont antagonistes aux principes d'égalité, de tolérance et de respect des droits de l'homme, principes chers (en théorie et de manière sélective) à la République.

Colonisation idéologique

La colonisation territoriale des pays maghrébins, voir, dans une plus large mesure, africaine, s'étant achevée, à terme, par un échec, nous assistons aujourd'hui à une autre forme de colonisation, certes, plus subtile, mais tout aussi dévastatrice : la colonisation idéologique. Pour comprendre ce phénomène mortifère, il est impératif de faire un pas en arrière dans l'histoire, afin d'en comprendre les prémisses.

La colonisation française au Maghreb n'avait pas pour seule finalité une occupation militaire et l'annexion territoriale de la région à la métropole, puisque l'un des objectifs obscurs de cette entreprise était de « civiliser » les peuples jugés inférieurs et primitifs. En effet, pour les Occidentaux, toutes les populations qui ne vivaient pas avec leurs mœurs étaient considérées arbitrairement par ces derniers comme des races inférieures que le devoir moral des races prétendument supérieures devait « civiliser ». Nous remarquerons que, pour les colons occidentaux, la seule civilisation est celle qui est la leur, et que les peuples dont les coutumes, les traditions, croyances, différentes et sortent de ce schéma occidental, ne peuvent être, aux yeux des colons suprémacistes, synonyme de civilisation.

Acculturation 2.0 et complexe post-colonial

Après avoir vu les prémisses de l'acculturation des Arabo-musulmans, voyons le parallèle avec la situation moderne de cette idéologie. Bien qu'ayant fait preuve d'une résistance acharnée durant près d'un siècle et demi, annihilant cette démarche d'acculturation assimilatrice, certains Algériens ont été « francisés », en ayant revêtu les habits du colonisateur, au nom de la « modernité ».

La situation que nous avons décrite plus haut, datant de deux siècles en arrière dans ses prémisses, est toujours d'actualité à notre époque, en France, où il existe le bon et le mauvais arabo-musulman. Le bon arabe, ce n'est ni plus ni moins qu'un Arabe qui n'est plus Arabe, le bon musulman, lui, est un musulman sans l'Islam, ou, encore mieux, un musulman « modéré » ou « laïc » (ce qui est un oxymore). Ce collabeur est la quintessence du produit de la propagande colonialiste française des siècles précédents. Pourtant, le collabeur est persuadé de faire preuve de subversivité en s'attaquant aux siens et en reniant son héritage civilisationnel ancestral. Pourtant, il n'est que dans le rôle et la fonction politico-sociaux que le système néocolonial lui a octroyé, celui de l'Arabe soumis et déshonoré qui troque ses valeurs et son peuple contre quelques privilèges matériels et une meilleure élévation sociale.

CHAPITRE II

NAWELL MADANI, NOUVEAU VISAGE DES ARABES COLLABOS

Le 7 avril 2023, la célébrissime plateforme de diffusion de contenu cinématographique « *Netflix* », a vu son catalogue déjà bien fourni augmenté d'une nouvelle série : *Jusqu'ici tout va bien*, que l'on doit à deux personnes : *Nawell Madani* et le bien discret *Simon Jablonka* (nous verrons la raison officieuse de sa discrétion dans un prochain ouvrage). Dans ce chapitre, nous allons analyser et décrypter de manière relativement sommaire le contenu de cette production d'une qualité cinématographique plus que médiocre, afin de tenter d'en comprendre l'orientation idéologique. Nous précisons à nos lecteurs que l'analyse exhaustive de *Jusqu'ici tout va bien* sera à retrouver dans un ouvrage ultérieur spécialement consacré à la création de ce que nous avons appelé « *la culture de banlieue* » par la bourgeoisie française (comme nous aurons l'occasion de le démontrer de manière factuelle et sourcée) ; ainsi, l'analyse de cette série ne sera que superficielle. Notre objectif, ici, sera de mettre en évidence les points-clés qui déterminent et nous indiquent les penchants idéologiques des scénaristes et réalisateurs de cette série.

Le synopsis de la série est le suivant :

« La vie d'une journaliste sombre dans le chaos lorsqu'elle aide son frère à échapper à la police, mettant sa famille dans la ligne de mire d'un baron de la drogue. »[15]

Chaos ; frère ; police ; famille ; drogue. Un champ lexical qui donne une indication claire sur ce que sera la nature de cette série. Pourtant, ce synopsis lapidaire ne dévoile pas tout ; le visuel s'en chargera : quatre femmes (étrange absence d'éléments de sexe masculin pour une série censé raconter la trame d'une journaliste, certes, mais aussi de son frère et d'un baron de

---

[15] Netflix.com. Série : Jusqu'ici tout va bien

la drogue) typées (ou « racisées », pour employer une terminologie « *fashion* ») qui semble indiquer une ascendance nord-africaine (une série qui parle de drogue, voyons). Parmi ces quatre femmes, celle qui occupe la place prépondérante de la photo est une jolie dame dont le regard affirmé communique à ceux qui contemplent l'image une assurance certaine. Ce personnage est incarné par l'actrice principale et la coréalisatrice (nous y reviendrons) Nawell Madani. A la droite de cette dernière, une femme au regard inquiet est porteuse d'un signe distinctif vestimentaire particulier ; celle-ci arbore un foulard qui semble être un foulard « islamique », un « *hijab* »[16]. La question que nous pourrions, peut-être en feignant une fallacieuse naïveté, est celle-ci : mais que fait donc une femme musulmane voilée à l'affiche d'une série traitant d'une histoire sur fond de trafic de drogue ? Passons, pour l'instant…Juste à côté de cette femme, nous pouvons apercevoir une fille d'apparence fortement juvénile, dont le teint satiné et la chevelure ondulée ne font aucun mystère sur son origine « exotique ». Mais ce qui saute aux

---

[16] Nous n'entrerons pas, ici, dans le débat sur ce qu'est ou non un voile « légiféré ».

yeux est sa tenue vestimentaire qu'on pourrait qualifier de « légère », dont le décolleté laisse dévoiler ses formes féminines « avantageuses » ; ainsi que son maquillage, notamment le gloss utilisé pour sublimer la sensualité de ses lèvres déjà bien charnues.

Nous avons donc un contraste déroutant entre une femme portant un foulard sur le chef, symbole religieux d'une pudeur honorable ; ainsi que, juste à côté, l'image d'une jeune fille dont l'accoutrement indique tout le contraire : une volonté manifeste d'attirer le regard par sa tenue et sa peinture faciale alléchantes, pour ne pas parler *d'érotisme suggestif*. Cette idée, loin d'être anodine, suggère l'idée que la femme maghrébine est prise dans une dualité qui fait d'elle une femme soumise ou une femme légère ; la nuance est une notion difficile à transposer dans les mœurs de la femme arabe. La femme maghrébine *Ni pute ni soumise*[17] laisse la place à la femme *mi-pute mi-soumise*. Enfin, la quatrième femme présente sur l'affiche de présentation de la série en question dont la « neutralité », contraste avec celle de ses

---

[17] Référence directe au mouvement féministe de Fadela Amara, crée au début des années 2000.

« compères », dans le sens où rien, dans son apparence, ne choque à première vue. Dans un paradoxe frappant, c'est la personne « invisible » qui est la plus « remarquable », eu égard à sa simplicité ; madame-tout-le-monde, en somme.

L'analyse primaire iconographique de cette image choisie pour présenter la série de *Nawell Madani* et de *Simon Jablonka* ne suffit pourtant pas à donner un avis objectif sur cette production artistique ; il est nécessaire, pour prétendre se positionner face à cette série, de l'avoir visionné au préalable (ce que nous avons eu la « chance » de faire, naturellement) afin d'en critiquer le contenu. Mais avant de passer à la substance de la série, attardons-nous un bref instant sur le contenu descriptif des deux premiers épisodes.

La description du premier épisode, intitulé « *Ca reste entre nous* » ressemble à cela :

> « **Lorsqu'une promotion au JT lui échappe, Fara vide son sac en plein direct**. *De retour chez elle, elle accepte de rendre service à **son frère**, ignorant qu'il est **poursuivi pour délit de fuite**.* »

En deux phrases, la substance de la série et son orientation sociologique est dévoilé grâce au champ lexical employé pour décrire le premier épisode :

1. ***Lorsqu'une promotion au JT lui échappe, Fara vide son sac en plein direct***

Cette phrase, qui peut paraître anodine, nous donne en réalité une certaine indication sur la position des réalisateurs et des scénaristes de cette série. En effet, cette phrase nous fait comprendre, d'une part, que le personnage central, ou, du moins, l'un des personnages centraux de cette série, est une femme d'origine maghrébine (*fara(h))* est un prénom d'origine arabe) dont la profession est celle de journaliste. L'information ajoutant que cette femme est également présentatrice d'un journal télévisé en direct signale que cette journaliste est à un niveau assez élevé dans sa profession. L'idée est d'affirmer, de manière implicite, que Fara est une femme maghrébine dont la condition socio-professionnelle est relativement élevée par rapport à la norme. Ce que nous apprenons en regardant le premier épisode de la série, c'est que cette journaliste, Fara, est un couple avec un « Blanc », un Français « de souche »[18].

Nous nous trouvons là en présence d'un stéréotype dont l'origine se trouve dans un phénomène (ou un épiphénomène) sociétal qui existait surtout lors des premières décennies suivant l'immigration ouvrière maghrébine en France. En effet, il arrivait assez fréquemment que certaines femmes issues de la première génération d'immigrés maghrébins choisissent de se mettre en couple avec des hommes « Blancs », ce qui était perçu alors comme un facteur d'élévation sociale. Dans ce contexte, certaines femmes d'origine maghrébines ont pu

---

[18] Il n'existe pas de Français « de souche » à proprement parler ; la France qui serait, à l'origine, une entité géographique uniforme culturellement et identitairement qui aurait été transformé par une immigration illégale depuis les années 50-60 est une aberration historique. La population peuplant le territoire comprenant les frontières de la France moderne est d'origine diverse, dont les Arabes ne sont pas étrangers. Dans un ouvrage ultérieur, nous reviendrons en détail sur un sujet totalement méconnu, qui est la présence arabe en France depuis plusieurs siècles.

épouser des hommes blancs comme une façon de s'intégrer ou de s'élever socialement dans la société française. Cela peut être considéré comme une stratégie d'acculturation ou d'assimilation, où les femmes maghrébines cherchent à se conformer aux normes culturelles et sociales de la société d'accueil pour gagner en acceptation et en reconnaissance.

Par ailleurs, il est important de prendre en compte les questions de pouvoir dans cette dynamique matrimoniale ; les femmes maghrébines ont pu percevoir que les hommes blancs représentaient un statut social plus élevé dans la société française, ce qui les a conduit à choisir des partenaires blancs comme moyen de promotion sociale. Cependant, il convient de noter que ces choix peuvent également être le résultat de dynamiques complexes de pouvoir, d'inégalités et de négociations dans les relations interculturelles et matrimoniales. L'homme maghrébin étant généralement de condition sociale relativement modeste, une femme ayant certaines ambitions professionnelles ou étant déjà socialement de bonne condition pouvait avoir du mal à partager sa vie avec ce dernier, eu égard à la différence de leur statut social. Il est aussi important de noter que cette tendance matrimoniale peut être perçue différemment par différentes personnes et groupes. Certains peuvent voir ces unions comme un moyen d'émancipation et de choix individuels, tandis que d'autres peuvent les critiquer comme un renoncement à la culture d'origine ou une forme d'assimilation culturelle.

D'ailleurs, il est remarquable de constater qu'une bonne partie des femmes médiatisées d'origine maghrébines ou arabes (qui sont, pour une bonne partie d'entre elles, des néo-harkis) sont en couple avec des hommes non-arabes, des hommes Blancs en particulier, à commencer par la réalisatrice de la série, *Nawell Madani*, en relation avec un homme Noir (nous verrons plus loin l'importance de cette information) ; mais aussi l'infâme journaliste hystériquement islamophobe *Zohra Bitan*, en couple avec un « *Juif Breton* », nommé Yves Bitan ; l'actrice *Sabrna Ouazani*, en couple avec l'acteur et réalisateur Franck Gastambide ; *Ayem Nour*, « star » de téléréalité qui fut en couple avec le milliardaire Vincent Miclet ; ou encore la journaliste d'origine libanaise *Léa Salamé,* mariée à l'écrivain Raphael Glucksmann.

2. **Son frère**

Un individu de sexe masculin, frère de la « *journaliste* » (d'origine maghrébine, par définition) sera également un élément important de cette série.

3. ***Poursuivi pour délit de fuite***

L'élément déclencheur de la série est défini : un homme d'origine maghrébine, le frère de la journaliste à la condition sociale élevé, est un délinquant. Le « délit de fuite », acte qui consiste, pour un individu interpellé par les forces de l'ordre, à tenter de prendre la fuite, ce qui indique que ce dernier aurait des choses répréhensibles à se reprocher, puisque la fuite implique une démarche de soustraction à une injonction menant d'une autorité légale à une obligation de s'arrêter.

Avant de passer à une analyse plus en profondeur, intéressons-nous à la description du second épisode de cette série :

*« Après avoir saisi la **drogue** dans la voiture de **Sélim**, Samuel demande à **Fara** de l'aider. **Lina se rebelle pendant le ramadan**, ce qui pousse **Souhila** à bout. »*

A nouveau, deux courtes phrases qui en disent long.

1. ***La drogue** dans la voiture de **Sélim***

Cette phrase indique qu'un certain Sélim, assurément un individu d'origine arabe (il s'agit du frère de la journaliste, cité précédemment), possède de la drogue dans son véhicule, ce qui est (naturellement) contraire aux lois de la République française, ce qui confirme que le frère de la journaliste est un délinquant. Le lien est trouvé : un jeune Arabe de France est forcément un délinquant.

2. ***Lina se rebelle pendant le ramadan***

Encore un prénom d'origine arabe : **Lina**. Mais cette fois, un autre élément important nous est donné : le ***Ramadan***, qui fait référence à la pratique qui consiste à observer un jeûne de 29 ou 30 jours lors du neuvième mois du calendrier arabo-musulman. Dans cette description, il est clair évident que les scénaristes cherchent à introduire un élément religieux (musulman) dans la série. Mais le fait que le jeûne du ***ramadan*** soit ainsi mentionné indique implicitement que cette pratique islamique est un élément d'une importance particulière dans la trame de la série, et, surtout, de l'objectif pervers des réalisateurs de cette production. En effet, lier le ramadan à une histoire de drogue et de police ne peut être perçu comme un détail insignifiant ; pourquoi, sur les douze mois de l'année, il a fallu que cette intrigue sur fond de délit et de crime se déroule en plein mois de ramadan, si ce n'est pour créer, dans l'imaginaire du téléspectateur, un lien intrinsèque entre la voyoucratie et l'islam ? Le but est, de manière évidente, de donner crédit à ce concept d' « *Islamo-racaille* » sans éveiller les soupçons des spectateurs, puisque la série est réalisée par une personne d'origine arabe, *Nawell Madani*. Effectivement, comme nous le verrons dans un chapitre ultérieur, l'un des rôles majeurs des individus que nous avons appelés les « *Néo-harkis* », est de s'attaquer à leur communauté d'origine sans se voir jeter l'opprobre et se voir qualifier de « racistes » ou d' « islamophobes », puisqu'une personne « racisée » ne peut décemment être qualifiée de « raciste » en raison de ses origines. Cet argument fut celui utilisé par la défense de l'actrice française d'origine maghrébine Sofia Herzi (qui ne semble intéresser les réalisateurs de cinéma que lorsqu'il est question de jouer le personnage d'une « beurette » dévergondé) lorsque celle-ci fut poursuivie en justice par un chauffeur VTC, d'origine maghrébine lui aussi, pour l'avoir traité de « *sale Arabe* » en 2018. L'avocat de l'actrice dira, devant le juge : « *L'expression sale arabe entre deux Arabes ou deux personnes ayant des origines maghrébines a une signification ironique qui peut évidemment échapper en l'absence d'explication de texte* ». Peut-être que « *l'explication de texte* » se trouve dans les « *Lâche* » ; « *Ta mère la pute* » ; « *Fils de pute* » que Sofia Herzi a adressé au chauffeur VTC. Les magistrats ne paraissent pas avoir été convaincus, puisque l'actrice fut condamnée pour injures à caractère raciales.

Concernant le fait que **Lina** se rebelle pendant le **ramadan,** il est indéniable que cela a pour dessein d'être interprété implicitement comme une transgression des normes sociales et culturelles associées à cette période religieuse. En effet, rappelons que le ramadan est un mois sacré du calendrier musulman, pendant lequel les croyants observent le jeûne, la prière ainsi que d'autres pratiques religieuses, notamment le fait de s'abstenir de commettre des mauvais actes.

Ainsi, la « *rébellion* » de **Lina** pendant cette période peut être perçue comme un comportement déviant ou enfreignant les normes sociales et religieuses. Mais le contenu de l'épisode nous donne de meilleures indications sur le message subliminal que souhaitent faire passer les scénaristes de cette bouse artistique. En effet, la « rébellion », acte irrévérencieux par essence, est un terme utilisé pour décrire un comportement de résistance ou de refus de se conformer à une autorité établie, à des normes sociales ou à des règles établies, la religion incluse ; c'est un acte ou une attitude de défiance ou de désobéissance envers une autorité, un système ou une norme existante.

La rébellion peut se manifester de différentes manières, allant de manifestations publiques, de protestations, de désobéissance civile, d'opposition politique ou sociale, à des comportements individuels de refus de se conformer à des règles ou à des attentes établies. Elle peut être motivée par un désir de changement, de contestation d'une situation perçue comme injuste, de défense de droits ou de libertés, ou d'expression d'un mécontentement ou d'une frustration envers une autorité ou un système en place. La rébellion peut être considérée comme un moyen de contestation et de mobilisation pour le changement social, mais peut aussi être perçue comme un comportement déviant ou transgressif, en fonction du point de vue et du contexte dans lequel elle se produit.

Enfin, le fait que la rébellion de **Lina** (la fille) pousse **Souhila** (la maman musulmane voilée) à bout peut être interprété comme une conséquence négative ou un effet indésirable du comportement déviant de **Lina** pendant le *ramadan*. Cela peut suggérer que la déviance ou les transgressions des normes sociales associées au ramadan peuvent entraîner des conséquences négatives, telles que des conflits ou des tensions sociales, ce qui peut être implicitement lié à la voyoucratie. L'analyse sociologique d'une femme se rebellant en pleine période de ramadan peut être abordée sous plusieurs angles.

Tout d'abord, et c'est précisément ce qui nous intéresse ici ; le rôle des normes religieuses. Les normes religieuses entourant le ramadan peuvent être perçues comme contraignantes et prescrire un comportement spécifique, y compris l'observation rigoureuse du jeûne sans dérogation. La rébellion d'une jeune femme, Lina en l'occurrence, pendant le mois de *ramadan* peut donc être interprétée comme une remise en question de ces normes religieuses et même, en extrapolant, une remise en cause de l'autorité religieuse.

Mais au-delà des normes religieuses, il est également intéressant de s'attarder sur les tensions dichotomiques entre pratiques religieuses et dynamiques sociales : la société ou, du moins, l'environnement dans lequel est née et vit cette jeune fille d'origine arabe peut également avoir une influence majeure dans sa rébellion pendant le *ramadan*. Par exemple, si elle vit dans une société conservatrice où l'observation stricte des pratiques religieuses est valorisée, sa rébellion peut être perçue comme une transgression des attentes sociales et des normes culturelles. Elle peut être en conflit avec les attentes sociales de son environnement, ce qui peut entraîner des conséquences sociales, comme la désapprobation, la stigmatisation ou la marginalisation. Dans le cas de la série qui nous intéresse, il est question d'une jeune fille d'origine arabe issue d'une famille de confession musulmane résidant en France. L'opposition de fond entre une société française républicaine laïcarde et islamophobe dans laquelle est née la jeune Lina et son environnement familial attaché aux valeurs arabo-musulmanes peut conduire celle-ci à ressentir une dualité identitaire qui peut la mener à se « rebeller » contre l'une ou l'autre partie.

Les motivations individuelles : enfin, l'analyse sociologique peut prendre en compte les motivations individuelles de cette femme pour se rebeller pendant le ramadan. Cela peut être dû à des facteurs personnels tels que des croyances individuelles, des expériences personnelles, des besoins d'expression personnelle, des aspirations de changement ou des frustrations face aux normes sociales et religieuses. Les motivations individuelles peuvent être influencées par divers facteurs, notamment l'éducation, l'âge, la classe sociale, l'ethnicité, le contexte familial et le contexte social dans lequel cette femme évolue.

Mais le plus important à souligner, c'est que, par cette séquence faisant de la jeune fille d'origine maghrébine une « *rebelle* », les scénaristes suggèrent que cette « *rébellion* », pendant le mois de ramadan, par-dessus le marché, est une démarche teintée de noblesse, puisque l'idée est de faire de la jeune « *rebelle* » une insoumise refusant d'accepter les règles normatives qu'impose l'éducation traditionnelle arabo-musulmane ; le conflit générationnel entre la mère (**Souhila**) et la jeune fille (**Lina**) est aussi une confrontation entre tradition et modernité[19]. En réalité, cette séquence de la série implique un débat plus large, puisqu'il est aussi question de l'aliénation culturelle et identitaire inhérente à la modernité, qui est en réalité l'imposition de l'occidentalisation culturelle du monde. Mais nous ne traiterons pas de ce sujet ici, car cela nous emmènerait vers des sujets un peu trop

---

[19] Au sens « guenonien » du terme.

périphériques à notre sujet initial, ce qui alourdirait notre ouvrage outre mesure.

Le ton est donné : une énième production française sur une famille arabo-musulmane de France (de Banlieue, de préférence, car c'est bien connu, tous les Arabes de France vivent forcément en banlieue) dont la trame se base sur une histoire de drogue ; la famille maghrébine de France dont la substance se caractérise par une voyoucratie *islamo-racaille* qui semble être l'essence même de son existence. Les quelques phrases rédigées pour décrire les deux premiers épisodes de la série sont tellement révélatrices de l'orientation idéologique des scénaristes et des réalisateurs de cette production que nous avons pu rédiger plus de dix pages (en étant très synthétiques) d'analyse sociologique sur une base de quatre phrases seulement. Nous avons choisi de sélectionner uniquement la description des deux premiers épisodes de la série pour limiter notre travail dans le temps ; faire un travail analogue sur la totalité des épisodes de la série nous demanderait plusieurs chapitres dédiés uniquement à cette tâche. Or, nous rappellerons volontiers que la série *Jusqu'ici tout va bien* n'est pas le point central de notre ouvrage, mais une simple illustration concrète de ce qu'engendrent des personnes dont est question la substance première de ce livre : les néo-Harkis.

Maintenant, nous allons nous intéresser, dans le détail, à certains éléments clé de cette série, et tenter de les analyser afin d'en comprendre l'orientation idéologique. Le lecteur comprendra certainement que nous serons forcés d'être sélectifs, ce qui signifie que nous serons (très) loin de faire preuve d'exhaustivité dans notre sélection d'éléments. Ainsi choisirons-nous de nous concentrer sur les faits les plus significatifs quant à leur importance au niveau sociologique et sociétal en rapport avec la population arabo-musulmane de France.

Les personnages : florilège de stéréotypes

- **L'homme arabe**

Les personnes familières des productions cinématographiques françaises pondues depuis le début des années 90 ne seront guère surprises par les lignes qui vont suivre ; l'homme maghrébin est, de manière quasi-systématique, représenté sous des traits de personnalités qui semblent immuables : l'homme maghrébin est un être violent, misogyne, délinquant. Le Maghrébin semble avoir une obsession maladive pour la violence ; sa nature est « sauvage » par essence. Il est volontiers porté sur la violence (physique ou verbale) envers les personnes de sexe féminin ; sa sœur ou sa femme, peu importe, sa main (ou son pied, sa tête, voire même tout autre ustensile à portée de main) ne se fait généralement pas prier pour être posé avec brutalité sur le visage ou le corps de cet être intrinsèquement inférieur à lui.[20]

---

[20] La question de l'égalité entre les hommes et les femmes est un faux débat issu de l'histoire occidentale et exogène à la civilisation arabo-islamique par essence. La femme n'est ni inférieure, ni supérieure, ni même égale à l'homme. En effet, d'une part, la raison voudrait que pour pouvoir déterminer ce qui est supérieur, inférieur ou égal, il est nécessaire, par définition, de juger selon un baromètre et des critères précis et spécifiques. Dire que la femme est « supérieure » à l'homme ou inversement n'a aucun sens ; une affirmation d'ordre quantitative ne vaut rien si celle-ci n'est pas complétée par un ou des éléments qui pourraient permettre d'établir une comparaison objective et factuelle. Le penseur algérien Malek Bennabi a bien décrit cette impossibilité de parler d'égalité entre deux individus non-interchangeables dans l'ordre biologique du monde.

Dans la série qui nous intéresse pour ce présent travail, on peut compter environ une petite dizaine de personnages de sexes masculins d'origine maghrébine. Étrangement (ou pas), <u>la totalité des personnages incarnant un homme d'origine arabe sont des individus présentant des problèmes d'ordre psychologiques, comportementaux ou judiciaires.</u> En effet, nous avons : le jeune frère *dealer ;* le père de famille ayant lâchement *abandonné sa famille* (classique) ; le jeune homme *escroc* fonctionnaire à la mairie de la ville qui vend des faux permis de conduire ; le policier arabe totalement *imbécile* et même *raciste* ; les beaux-frères *pas très commodes* dont l'un d'entre eux est caractérisé par *un sexe de petite dimension ; l'indicateur* de la police ; la petite bande de jeunes *dragueurs* ; un *dealer violent et obsédé sexuel* qui ne pense qu'au sexe et à ses magouilles ; les enfants *obèses* qui ne pensent qu'à combler leur estomac ; et, enfin, le mari *obèse pas très sexy et un peu lourd* (sans jeu de mots), qui se fiche de sa femme, la délaisse et la rabaisse constamment et passe ses journées affalées sur son canapé à jouer à la console de jeux.

Il n'y a absolument aucun personnage d'origine maghrébine dans cette série qui joue un rôle positif ou ne présentant pas des défauts de personnalités qui les caractérisent. Le fait que, dans une série axée sur un environnement franco-maghrébin, aucun homme arabe n'est mis en valeur est très révélateur de l'idéologique sous-jacente hostile à l'homme maghrébin en tant que tel des réalisateurs de cette production. D'ailleurs, un élément important qui semble avoir échappé aux téléspectateurs est que les scénaristes ont décidé de faire porter le nom de famille du père ayant abandonné sa famille au jeune frère voyou ; tandis que les filles de la famille, celles qui ont les rôles d'héroïnes de la série rattrapant les « conneries » de leur frère, portent le patronyme de leur génitrice. Le lien entre les patronymes indique un message subliminal clair ; les hommes arabes de la famille sont les mauvais de l'histoire ; au contraire des femmes maghrébines.

• **L'homme noir**

Dans cette série, les scénaristes ont décidé de surfer sur la récente vague de conflits opposant une certaine frange de la jeunesse parmi les populations françaises d'origine maghrébines et celles originaires des pays d'Afrique subsaharienne, en choisissant un camp de manière manifeste. En effet, à la personnalité grotesque et très stéréotypée que les scénaristes de *Jusqu'ici tout va bien* ont décidé de dépeindre l'homme arabe, ces derniers ont choisi de dépeindre l'homme noir sous un jour antagoniste favorable ; l'homme noir, bien que lui aussi souvent dealer de drogue, est mis en lumière d'une façon différente de l'homme maghrébin : l'homme noir est sexy, humain, bienveillant. En effet, le « boss » des dealers, Oumar, d'origine subsaharienne, est aussi bénévole pour des associations qui viennent en aide aux personnes défavorisées ; le petit ami de la jeune Lina, lui, est un riche footballeur métis aux yeux clairs.

Mais l'homme noir est également utilisé comme fantasme sexuel à plusieurs reprises dans la série. En effet, dans plusieurs séquences, de brèves références à connotations sexuelles faisant référence aux hommes d'origines subsahariennes sont évoqués par plusieurs protagonistes de la série, comme lorsque Fara, incarné par la néo-harki Nawell Madani, dit, en plein repas avec ses sœurs et sa maman : « *Des grosses bites de renois* » en parlant d'un voyage au Sénégal. Sexualisation des hommes d'origine négro-africaine, essentialisation stéréotypée et caricaturale sur l'appareil génital de l'Africain, les scénaristes de cette daube artistique ne font aucun mystère sur leurs tendances fétichistes à caractères ethniques.

• **La femme noire**

Autant l'homme d'origine africaine subsaharienne est surexposé dans la série, autant la femme noire, quant à elle, est totalement absente de cette œuvre. N'existe-t-il pas de femmes d'origine africaine en banlieue parisienne ? Remarquez, il n'est pas impossible que les réalisateurs de cette série pensent effectivement quelque chose d'aussi absurde, étant donné que ni Nawell Madani, ni Simon Jablonka (les deux réalisateurs de la série) ne sont issus des quartiers populaires de France.

En réalité, les seules fois où nous apercevons des femmes de couleur noire, c'est en tant que figurantes ou en tant que « *twerkeuses* » en boite de nuit. La femme d'origine africaine, selon la perception des scénaristes de *Jusqu'ici tout va bien*, ne serait bonne qu'à exposer la surface importante de son fessier en se dandinant de manière vulgaire.

- **La femme arabe**

Les femmes maghrébines sont dépeintes sous plusieurs traits, mais toutes ont le point commun de constituer une partie des clichés fétichistes et sexualisant biens connus sur les « beurettes ». Entre la « kaira » et la femme « émancipée » incarnée en même temps par Nawell Madani sous les traits de Fara ; la jeune « beurette » matérialiste « michetonneuse » analphabète dont le seul rêve est de devenir riche et célèbre, joué par la petite Lina ; la jeune mère musulmane « frigide » portant le voile ; la sœur malheureuse en mariage ayant « *choisi le premier homme après son premier divorce* » ; la pauvre maman âgée subissant passivement les agissements de ses enfants (de sexe masculin, surtout) ; la jeune copine de Lina, adolescente idiote qui ne pense qu'à sortir en soirée et qui s'exprime avec un accent « wesh-wesh ».

Mais, surtout, à l'exception de la maman âgée, toutes les femmes maghrébines de la série ont, à un moment ou un autre, fait des allusions sexuelles, de manière plus ou moins soft ou d'une vulgarité risible. On pense évidemment, dans un premier temps, à cette séquence gênante ou Fara, incarnée donc par Nawell Madani, dit, en pleine rupture du jeûne, à ses sœurs, devant sa mère, que la copine de sa maman souhaite se rendre en vacances dans un pays d'Afrique subsaharienne dans le but d'avoir accès à des « *grosses bites de renois* ». La question que nous souhaitons nous poser est ; dans quelle famille de dégénérée, des femmes musulmanes parlent, entre sœurs, de « *grosses bites de renois* » en plein repas ? Si ce genre de scène se passe dans la famille de Nawell Madani, scénariste et réalisatrice de *Jusqu'ici tout va bien*, il aurait été judicieux de mentionner que la séquence en question est à caractère autobiographique et ne concerne que sa propre famille, et aucunement celle de la totalité des Maghrébins de France (ou d'ailleurs, par ailleurs).

Nous pouvons aussi penser à cette séquence absolument lunaire et extrêmement symbolique de l'orientation idéologique de cette série ; celle où l'une des sœurs, intéressée par le système de vente pyramidale, tente de convaincre ses amies de la rejoindre dans cette activité. En effet, dans cette séquence d'une durée d'environ une minute et vingt secondes, nous comptons six grossièretés, dont cinq sont à caractères sexuels ; cela nous fait une fréquence d'environ une parole vulgaire et (ou) à connotation sexuelle toutes les vingt secondes. La dernière grossièreté (*motus et chatte cousue,* détournement sexuel risible d'une célèbre expression) est absolument gênante, tant elle démontre que le but était absolument de placer un maximum de propos vulgaire à connotation sexuelle dans un laps de temps réduit.

Nous pouvons également mentionner brièvement les scènes *suggestives* à connotations sexuelles concernant les différents personnages féminins d'origine maghrébine, dont certaines sont d'une gravité non négligeable, puisqu'une promotion de la pédophilie semble implicitement être, justement, *suggéré*. Nous pouvons notamment penser à cette séquence du deuxième épisode où la caméra fait un *zoom* sur les fesses de Lina et ses copines (mineures !) pendant qu'elles « dansent » de manière sensuelle, vêtues de pantalons dessinant allégrement leurs courbes. On voit également la jeune Lina monter sur la scène lors d'un concert de musique, avant de coller et de remuer ses fesses sur le sexe du chanteur. Rappelons que la jeune Lina est mineure, et qu'une séquence où une mineure mime un rapport sexuel avec un homme majeur présenté sous forme de danse est discutable, et nous donne à nous interroger sur la légalité de cette scène.

Les femmes âgées d'origines arabes ne sont pas épargnées non plus, puisque même celles-ci semblent particulièrement intéressées par les discussions tournant autour de l'appareil génital des hommes ; comme le montre cette séquence où des vieilles dames maghrébines ont comme sujet de conversation la « *merguez* » d'un habitant du quartier.

Le ramadan : entre folklorisation de l'islam et promotion du modèle islamo-racaille

Dans *Jusqu'ici tout va bien*, la série se passe durant le mois sacré de ramadan. On peut légitimement se questionner sur les raisons qui ont poussé les scénaristes de cette série à faire que cette œuvre sur fond de trafic de drogue se déroule en plein mois de ramadan, qui, rappelons-le, correspond à une période où les musulmans doivent s'abstenir, non seulement de s'alimenter durant plusieurs heures, mais également de commettre des actes répréhensibles (vols, injures, violences physiques et verbales, etc.). De plus, lorsqu'on visionne la série, on comprend rapidement que le jeûne du ramadan n'apporte absolument rien au déroulement de l'histoire ; ainsi le mois de ramadan n'est qu'un décor qui habille le scénario. Mais la question persiste ; pourquoi avoir choisi de faire en sorte que l'histoire se passe précisément pendant le mois sacré de ramadan ?

Puisque nous n'avons aucune réponse des scénaristes, nous devons tenter d'y répondre de manière autonome, en analysant les différents éléments que nous avons à disposition. Mais avant tout, il convient de préciser quelque chose ; <u>rien n'est fait au hasard ; tout a une raison d'être</u>. Un scénario est travaillé de manière minutieuse, chaque élément composant celui-ci est choisi pour une (ou des) raison. Cela signifie, par définition, que <u>les scénaristes de *Jusqu'ici tout va bien* on choisit d'inclure le ramadan dans cette série caractérisé par la violence, la drogue, le crime, la vulgarité et le sexe pour des raisons précises</u>. Nous voyons, à notre sens, précisément deux raisons qui pourraient avoir motivé les scénaristes à entreprendre cette démarche ; la *folklorisation* de l'islam et le renforcement du concept *d'islamo-racaille*.

La folklorisation du ramadan

La folklorisation est un concept utilisé en sociologie pour décrire le processus par lequel des éléments culturels, traditionnels ou populaires sont transformés en objets de folklore, c'est-à-dire en éléments détachés de leur contexte d'origine et transformés en produits culturels commercialisables ou en représentations stéréotypées destinées à un usage touristique ou de divertissement. La folklorisation peut se produire dans différentes cultures et peut toucher divers aspects de la culture traditionnelle, tels que les coutumes, les croyances, les danses, les chansons, les costumes, les rituels, les contes et les légendes.

Elle peut être encouragée par des acteurs externes, tels que les médias, les industries culturelles, les agences de tourisme, les gouvernements, ou par les membres d'une communauté eux-mêmes. Nous pouvons le voir, en Occident (mais également dans certaines parties du monde arabe), avec la période du ramadan, qui semblent, chez beaucoup de musulmans, se résumer à ne pas manger et ne pas boire durant entre l'aube et le coucher du soleil, ce qui s'apparente alors plus à une sorte de régime intermittent, qu'à un acte de foi véritable ; la réalité et l'origine métaphysique de cette pratique religieuse semble de plus en plus oubliée. A une pratique verticale du jeune du mois de ramadan, on passe à une pratique horizontale dévêtue de sa substance transcendantale. Cette folklorisation peut, en conséquence, entraîner la simplification, la commercialisation excessive, la décontextualisation, la distorsion ou même la falsification de la culture traditionnelle, ce qui peut entraîner la perte de sa signification authentique, la dépossession culturelle ou la dégradation de son intégrité. L'étude de la folklorisation permet d'analyser comment les cultures traditionnelles sont transformées et appropriées dans un contexte contemporain, ainsi que les implications sociales, économiques et politiques de ces processus de transformation culturelle.

La folklorisation d'une religion se réfère au processus par lequel les pratiques, les croyances et les symboles religieux sont transformés en éléments folkloriques, détachés de leur contexte religieux d'origine et utilisés à des fins de divertissement, de tourisme ou de commercialisation. Cela peut se produire lorsque des éléments religieux sont appropriés, adaptés ou présentés d'une manière simplifiée, décontextualisée ou stéréotypée dans un cadre culturel ou commercial, souvent pour répondre aux attentes des touristes, du marché ou d'autres motivations non religieuses. La folklorisation d'une religion peut prendre plusieurs formes, voici quelques exemples :

Souvenirs religieux commercialisés : Dans de nombreux sites religieux populaires, tels que des sanctuaires, des temples, des lieux de pèlerinage, on peut trouver des objets religieux commercialisés tels que des statues, des icônes, des bijoux ou des souvenirs religieux. Cependant, ces objets peuvent parfois être produits en série et perdre leur signification spirituelle authentique, devenant ainsi des objets folklorisés destinés à être vendus comme souvenirs touristiques.

Spectacles religieux pour touristes : Dans certaines destinations touristiques, des spectacles ou des représentations mettant en scène des pratiques religieuses traditionnelles peuvent être organisés pour les touristes. Par exemple, des danses rituelles, des cérémonies de purification ou des rituels de prière peuvent être présentés comme des spectacles pour les visiteurs, mais ces performances peuvent souvent être simplifiées, dénaturées ou adaptées pour correspondre aux attentes du public, perdant ainsi leur authenticité religieuse.

Folklore lié à des festivités religieuses : Les festivités religieuses peuvent également être sujettes à la folklorisation. Par exemple, certaines célébrations religieuses traditionnelles, comme les fêtes de Noël, de

Pâques, ou du Nouvel An chinois, peuvent être transformées en événements folkloriques, avec des éléments commerciaux, des décorations ou des activités sécularisées ajoutées pour répondre aux attentes des consommateurs ou du marché, plutôt que de se concentrer sur leur signification spirituelle originale.

Il est important de noter que la folklorisation d'une religion peut avoir des conséquences complexes sur la perception, la compréhension et la préservation de la dimension spirituelle et culturelle d'une religion. Elle peut comporter des risques de décontextualisation, de commercialisation excessive, de perte de sens authentique, voire de manque La folklorisation de la religion musulmane dans les films peut être un sujet sensible et complexe, car il peut y avoir des implications culturelles, religieuses et politiques importantes. Il est important de traiter ce sujet avec respect et sensibilité, en reconnaissant la diversité et la complexité de la religion musulmane dans différentes cultures et contextes. La folklorisation de la religion musulmane dans les films peut prendre différentes formes. Voici quelques exemples :

Stéréotypes et représentations simplifiées : Les films ou les séries peuvent souvent présenter des stéréotypes ou des représentations simplifiées des pratiques, des croyances ou des personnages musulmans.

Orientalisme et exotisme : Les films et autres séries peuvent également adopter une approche orientaliste ou exotique de la religion musulmane, en mettant en avant des éléments pittoresques, mystérieux ou exotiques, souvent associés à des décors somptueux, des danses, des musiques ou des rituels, mais sans nécessairement refléter la réalité des pratiques religieuses musulmanes dans leur diversité et leur complexité, mais, surtout, en omettant totalement la substance spirituelle de l'objet folklorisé.

Utilisation de la religion comme décor ou accessoire : Dans certains films, la religion musulmane peut être utilisée comme un simple décor ou un accessoire, sans véritablement aborder les croyances, les pratiques ou les défis vécus par les communautés musulmanes. Par exemple, les mosquées, les prières ou les symboles religieux peuvent être utilisés comme toile de fond pour les intrigues sans vraiment explorer la spiritualité ou les réalités sociales des personnages musulmans.

Il est important de noter que la folklorisation de la religion musulmane dans les films peut avoir des conséquences significatives sur la perception publique de cette religion, en contribuant à la propagation de stéréotypes, de préjugés ou de simplifications, ce qui peut entraîner une mauvaise compréhension et une perception erronée de la religion musulmane et des communautés musulmanes. Il est donc crucial de porter un regard critique et nuancé sur la manière dont la religion musulmane est représentée dans les films, en reconnaissant la diversité et la complexité de cette religion, ainsi que les enjeux sociaux, culturels et politiques qui y sont associés.

Concernant le mois sacré du Ramadan, qui est un pilier important de la pratique de l'islam, cet acte est souvent représenté dans les films d'une manière folklorique et simplifiée. Voici quelques éléments d'analyse et de décryptage du phénomène de la folklorisation de l'islam à travers le Ramadan dans les films :

Stéréotypes culturels : Dans de nombreux films, la représentation du Ramadan se limite souvent à des stéréotypes culturels, en mettant en avant des éléments tels que les lanternes, les tapis de prière, les repas de rupture du jeûne (iftar) (*comme dans Jusqu'ici tout va bien*). Bien que ces éléments fassent partie de la culture du Ramadan dans certaines régions du monde, ils ne représentent qu'une partie limitée et souvent simplifiée des pratiques diverses et complexes du Ramadan à travers les différentes cultures musulmanes.

Aspect festif et folklorique : Dans de nombreux films, le Ramadan est souvent présenté comme un mois festif et folklorique, mettant en avant des scènes de festivités, de danses, de musiques, de jeux et de célébrations, sans nécessairement aborder les aspects spirituels, sociaux, économiques et personnels du jeûne et de la prière qui sont au cœur de cette pratique religieuse. Cette représentation peut parfois donner une image superficielle et folklorique du Ramadan, en occultant les défis, les réflexions et les dimensions intérieures de cette pratique religieuse.

Conflits familiaux et comédie : Dans certains films, le Ramadan est utilisé comme un contexte propice aux conflits familiaux et aux comédies de situation, comme dans la série de Nawell Madani. Par exemple, les films peuvent montrer des familles musulmanes en proie à des querelles, des malentendus ou des situations humoristiques liées au jeûne, à la préparation des repas de rupture du jeûne ou à la gestion des contraintes liées au jeûne pendant la journée. Bien que ces éléments puissent être basés sur des réalités vécues par certaines familles musulmanes, ils peuvent également renforcer des stéréotypes sur les difficultés supposées du jeûne sans aborder les aspects positifs, profonds et significatifs du Ramadan pour les croyants musulmans.

Il est important de noter que la folklorisation du Ramadan dans les films peut avoir des conséquences sur la perception publique de l'islam et du mois sacré du Ramadan, en contribuant à la propagation de stéréotypes, de préjugés ou de simplifications. Il est essentiel de reconnaître que le Ramadan est une pratique religieuse complexe et profonde qui revêt une signification spirituelle, sociale et personnelle profonde pour les croyants musulmans. La folklorisation du Ramadan dans les films peut souvent réduire cette pratique religieuse à des clichés culturels, des éléments festifs ou des sources de comédie, ce qui peut déformer la compréhension de sa portée réelle.

De plus, la folklorisation du Ramadan dans les films peut également contribuer à la perpétuation de stéréotypes négatifs ou de perceptions erronées sur l'islam et les musulmans. En se concentrant sur les aspects superficiels et folkloriques du Ramadan, les films peuvent ne pas aborder les réalités complexes, les défis et les diversités liées à la pratique du jeûne et de la prière dans les différentes cultures musulmanes à travers le monde. Cela peut renforcer des clichés et des préjugés, et limiter la compréhension nuancée et respectueuse de l'islam en tant que religion et du Ramadan en tant que pratique religieuse.

Il est donc important de reconnaître que la folklorisation de la religion musulmane, y compris à travers le Ramadan dans les films, peut avoir des implications sur la perception publique, la compréhension et la représentation de l'islam et des pratiques religieuses des musulmans. Il est essentiel de promouvoir une approche respectueuse, nuancée et informée de la religion musulmane dans les médias, y compris dans les films, en évitant les simplifications, les stéréotypes et les représentations folkloriques qui peuvent contribuer à la propagation d'idées fausses ou à la perpétuation de préjugés. Il est important de reconnaître et de respecter la diversité et la complexité des pratiques religieuses, y compris le Ramadan, dans le respect des croyances et des pratiques des individus et des communautés.

Promotion du concept « islamo-racaille »

Après avoir expliqué notre vision de cette folklorisation du mois de ramadan, nous allons nous attarder, maintenant, à ce que nous estimons être une promotion de ce concept « islamo-racaille » à travers cette série produite par *Netflix*. Mais d'abord, qu'est-ce que c'est, au juste, ce concept d'islamo-racaille ?

L'expression « Islamo-racaille » est un concept qui a émergé dans le discours public français au cours des dernières décennies, principalement dans les débats sur la diversité culturelle, la religion et l'immigration. Elle est souvent utilisée pour décrire un groupe supposé de jeunes musulmans, généralement d'origine immigrée, qui seraient impliqués dans des activités criminelles, délinquantes ou violentes, et qui seraient considérés comme une menace pour la société et les valeurs françaises. Cependant, ce concept est controversé et fait l'objet de critiques de la part de nombreux chercheurs et militants, qui considèrent qu'il est stigmatisant, discriminatoire et contribue à renforcer les préjugés et les discriminations envers les musulmans en France.

Pour comprendre le concept d' « Islamo-racaille », il est important de le replacer dans son contexte socio-politique. La France a connu une série d'événements qui ont marqué le débat public sur la religion et l'immigration, tels que les attentats terroristes perpétrés par des individus se revendiquant de l'islam, les débats sur la laïcité et le port du voile, ainsi que les tensions socio-économiques dans les quartiers populaires où vivent de nombreux immigrés et leurs descendants. Dans ce contexte, certains politiciens, médias et intellectuels ont utilisé le terme « Islamo-racaille » pour décrire les jeunes musulmans supposés impliqués dans la délinquance, la criminalité ou la radicalisation religieuse.

Cependant, du point de vue sociologique, le concept d' « Islamo-racaille » pose plusieurs problèmes.

Tout d'abord, il mélange les dimensions religieuse et raciale de manière ambiguë. En assimilant l'islam à la délinquance, il véhicule une vision essentialiste et stéréotypée des musulmans, en les réduisant à leur religion et en les associant à des comportements criminels. De plus, en utilisant le terme « racaille », qui a une connotation péjorative et souvent raciste, il implique une vision racialisée de ces jeunes, en suggérant qu'ils appartiendraient à une catégorie sociale inférieure et dangereuse en raison de leur origine ethnique ou de leur religion. En outre, le concept d' « Islamo-racaille » peut être perçu comme un outil de stigmatisation et de discrimination envers les musulmans en France. En désignant un groupe spécifique de jeunes musulmans comme étant problématiques et dangereux pour la société, il contribue à renforcer les préjugés et les discriminations envers cette communauté. Il peut également avoir des conséquences néfastes sur la manière dont ces jeunes sont traités par les autorités et la société en général, en alimentant des politiques de surveillance, de répression et de discrimination à leur encontre. Par ailleurs, le concept d' « Islamo-racaille » peut également masquer les véritables enjeux sociaux et économiques auxquels sont confrontés ces jeunes.

Pour en revenir à la série de Nawell Madani, ce qui nous amène à penser que le choix du mois de ramadan comme temps dans lequel se déroule l'histoire de cette série dont la trame est basée sur des histoires criminels, c'est que les seuls moments où le jeûne de ce mois sacré pour les musulmans est évoqué le sont dans des contextes précisément liés au crime et (ou) à la déviance. Par exemple, nous pouvons citer cette scène où *Souhila*, la jeune maman voilée et sœur de Fara, surprend sa jeune fille (mineure) et ses amies en train de « twerker » devant une caméra, et qu'elle leur fait la remarque suivante : « *Vous avez l'air bien en forme pour des filles qui jeûnent !* ». Quelques secondes plus tard, dans cette même séquence, c'est dans une dérision manifeste que le mois de ramadan est tournée par les scénaristes de la série ; en effet, la réponse de l'une de ces adolescentes, apparemment convertie à l'islam, est de dire

« *khamdoulah madame, c'est ma deuxième année de ramadan.* » ; le « *khamdoulah* » prononcé de manière risible ainsi que l'intervention de son amie « *Tu coupes ton ramadan avec des pâtes au jambon !* » est clairement une manière de tourner cette pratique folklorisée en dérision. Le dernier exemple que nous pouvons citer est cette séquence grotesque se déroulant dans un bar PMU du quartier, où des hommes, jeunes mais aussi d'un certain âge, ne parlent du ramadan que dans le but de savoir si la masturbation annulait ou non le jeûne.

Conclusion sur la série

Pour conclure ce chapitre, nous partagerons bien volontiers la pensée de Malek Bennabi, penseur algérien, sur le rapport entre l'éthique et l'art. Pour ce dernier, l'éthique et l'esthétique sont deux aspects importants de l'art qui sont étroitement liés et interdépendants. Il considérait que l'art doit être ancré dans des valeurs éthiques et morales, et que l'esthétique d'une œuvre d'art est indissociable de sa dimension éthique. Pour lui, l'éthique et l'esthétique dans l'art sont deux aspects d'une même réalité, et leur dissociation peut entraîner une dégradation de l'art et de la culture.

Bennabi soutenait que l'art doit véhiculer des valeurs morales et contribuer à la promotion de la dignité humaine, de la justice, de la vérité et de la beauté. Il considérait que l'art a un rôle social et moral à jouer dans la société, et qu'il doit participer à l'édification d'une culture éthique et équilibrée. Selon Bennabi, l'art ne devrait pas être uniquement un moyen de plaisir esthétique, mais aussi un moyen d'éveiller la conscience, de promouvoir des valeurs positives et de favoriser le progrès social et humain.

Dans la pensée de Malek Bennabi, l'esthétique et l'éthique sont étroitement liées et ne peuvent pas être séparées. L'esthétique d'une œuvre d'art doit être en harmonie avec les valeurs éthiques qui sous-tendent la société dans laquelle elle s'inscrit. Ainsi, pour Bennabi, l'art véritable doit transcender la simple recherche de la beauté formelle pour incorporer une dimension éthique qui contribue à l'amélioration de la société et de l'humain.

Il est important de noter que la pensée de Malek Bennabi sur l'éthique et l'esthétique dans l'art est influencée par ses convictions philosophiques et religieuses, en particulier sa vision de l'Islam comme une source de valeurs éthiques et morales.

Néo-Harkis : Sociologie des Arabes collabos

CHAPITRE III

LA CULTURE DE BANLIEUE

On observe chez un certain nombre de jeunes Franco-maghrébins une identification à une culture de ghetto ou de banlieue, souvent inspirée par la culture hip-hop américaine. Cette identification s'exprime notamment à travers la musique, la mode vestimentaire, le langage ou encore les codes sociaux. Cette situation peut s'expliquer par plusieurs facteurs. Tout d'abord, l'expérience de la discrimination et du racisme vécue par ces jeunes peut les amener à se regrouper et à se protéger mutuellement, en adoptant une culture commune qui leur permet de se reconnaître et de se valoriser entre eux.

Ensuite, la culture hip-hop américaine, qui est souvent associé à la culture de rue et à la contestation sociale, peut représenter pour ces jeunes une source d'inspiration et de révolte contre l'ordre social dominant. En se réappropriant cette culture et en la combinant avec des éléments de leur propre culture d'origine, ils cherchent à se démarquer de la société française et à revendiquer leur propre identité.

Cependant, il convient de souligner que cette identification à une culture de ghetto ou de banlieue peut également avoir des effets négatifs sur ces jeunes, en les enfermant dans une vision stéréotypée et réductrice de leur propre identité, en les exposant à des comportements déviants et en les empêchant de s'intégrer pleinement dans la société française. En ce sens, il est important d'encourager la valorisation de leur culture d'origine tout en leur offrant des opportunités de participation et d'ascension sociale dans la société française.

La culture de ghetto ou de banlieue chez les jeunes franco-maghrébins peut être comprise comme une forme de résistance à l'assimilation culturelle et à la marginalisation sociale. Ces jeunes, souvent issus de familles immigrées vivant dans les quartiers populaires, se trouvent confrontés à un double rejet : celui de la société française en général et celui de leur propre culture d'origine, qu'ils perçoivent parfois comme archaïque ou dépassée.

Dans ce contexte, la culture de ghetto ou de banlieue leur offre un espace de réappropriation symbolique, où ils peuvent affirmer leur identité et leur singularité. Cette culture est souvent caractérisée par un langage propre, une mode vestimentaire particulière, une musique spécifique (le rap, par exemple) et une esthétique visuelle associée.

Cependant, cette culture de ghetto peut également comporter des aspects problématiques, tels que la glorification de la violence, l'exacerbation des stéréotypes de genre ou la surenchère de la consommation de produits de luxe comme moyen de revendication sociale.

L'absence de modèle

Les Maghrébins de France sont confrontés à un problème qui, aux premiers abords, peut paraître anecdotique, mais qui, pourtant, a son importance : l'absence de modèle.

En effet, en France, et plus précisément dans le paysage médiatique français, les Arabes de France sont souvent, pour ne pas dire de manière quasiment systématique, représentés par des personnalités issues soit du monde du divertissement dont le comportement reflète l'absence de valeurs issues du patrimoine ancestral des Arabo-musulmans ; soit par des incultes notoires dont la matière grise est plus proche de la couleur verte maladive, un peu comme l'emblématique et inénarrable imam-comique *Hassan Chalghoumi* (que nous pouvons affectueusement appeler « Charles Roumi »), éminemment célèbre pour son absence de cérébralité et son degré de soumission à la France républicaine. Comment peut-on s'imaginer que les jeunes générations de Franco-maghrébins puissent grandir en adoptant des valeurs saines, si les modèles issus de leur « communauté » sont des rappeurs à moitié attardés dont l'idéologie libérale-libertaire et le freudo-marxisme chers à Herbert Marcuse[21] consiste en une glorification de la pauvreté, des armes, de la fornication ; *grosso modo*, une singerie de la culture du sous-prolétariat des ghettos américains ?

Comment une jeune fille arabe née en France peut-elle grandir dans de bonnes conditions si toutes les femmes d'origine maghrébine qu'elle voit à la télévision ou sur Internet sont des caricatures d'objets sexuels sur pattes, réputées pour leur impudeur et dont la seule capacité est de se dénuder publiquement, à la vue de tous, sur les réseaux sociaux, dans les infectes émissions abrutissantes de télé-réalités, ou dans les clips de rap ? Cette absence de modèles auxquels les jeunes Franco-maghrébins puissent se référer constitue un véritable problème, puisque ces derniers ne se voient représenter que par des énergumènes rongés par l'idéologie mondialiste délétère et ses valeurs mortifères. Rien, absolument rien, dans les

---

[21] Nous traiterons ce sujet en profondeur dans un ouvrage ultérieur consacré aux origines du rap. Le lien entre le discours de la majorité des rappeurs et l'idéologie libérale-libertaire et le freudo-marxisme sont intéressant à analyser.

représentants arabes présents dans les médias français n'est en rapport avec les valeurs arabo-islamiques du patrimoine ancestral et pluriséculaire de la population arabo-musulmane de l'hexagone. Lorsqu'un rappeur français d'origine maghrébine prône le culte de l'argent (idéologie marchande) ; la sexualité débridée (freudo-marxisme) ; les drogues et autres, il n'est que la création franco-américaine des ghettos, et aucunement celle de la personnalité arabo-musulmane, dont les valeurs véritables et traditionnelles sont le respect de la famille, de la religion, la négation du matérialisme ; en somme, tout le contraire de ce que véhiculent les acteurs d'origine maghrébine du « *rap game* ».

Pour ce qui est des femmes d'origine arabes et la représentation qui en est faite à travers les médias traditionnels et numériques, le constat n'est pas moins alarmant. En fait, pour être lapidaire, la femme maghrébine, du moins selon l'image et le rôle qui lui est arbitrairement imputé (et dont des néo-harkis comme *Nawell Madani* contribuent à promouvoir), est celui de la femme aux mœurs légères, impudique et dévergondé ; ou celui de la parfaite musulmane soumise, malheureuse et forcément trop idiote pour comprendre par elle-même que sa manière de s'habiller fait d'elle une victime du patriarcat misogyne arabo-islamique ; parfois, ce sont même ces deux rôles abjects qui lui sont attribués de manière simultanée.

En effet, il est classique, dans les navets du cinéma français, de voir la femme arabe prendre son rôle en tant que petite victime, celle qui se fait battre à longueur de temps par ses frères et son père, qui la forcent (évidemment) à porter le voile islamique, lui ôtant donc le droit de vivre comme « toutes » les jeunes filles de son âge. Au fil de l'avancée du film ou de la série, au gré d'une rencontre avec un homme d'origine africaine subsaharienne ou un Français « de souche » dont elle tombe amoureuse, apparu tel un preux chevalier afin de la détacher du joug tyrannique de sa méchante famille islamiste, et lui fait découvrir les « plaisirs de la vie », à savoir ; fumer, boire, forniquer. Évidemment, absolument tout le contraire du comportement prescrit dans la religion musulmane. Comme si le concept de « liberté » était forcément confiné dans un espace qui consiste à forniquer le plus possible et à porter le moins de vêtements possible.

Les films et les séries de factures déplorables ne sont pas les seuls vecteurs médiatiques promouvant cette image détestable et erronée de la femme arabe. En effet, dans les clips de rap français, ou dans les chansons de ce genre musical, la Maghrébine est souvent dépeinte sous les traits de la « beurette des chichas », celle qui n'hésite aucunement à faire une démonstration de sa capacité à « *twerker* » devant le regard affamé du public et de l'artiste star du clip.

Également, dans le milieu du porno, la femme d'origine arabe reste également, depuis un certain temps, un objet de fantasme pour les amateurs de ce genre de contenu. Outre le fait de trouver des catégories nommées « beurettes » ou « voilées » sur quasiment tous les sites pornographiques, c'est du côté terminologique qu'il convient de s'attarder. En effet, on remarque un certain glissement sémantique puisque, depuis quelques années, le terme même de « beurette », est devenu un synonyme de « fille de joie », pour ne pas employer de mot vulgaire ; en effet, on trouve régulièrement des vidéos intitulées « *beurette latina* » ; « *beurette blanche* » ; « *beurette sénégalaise* » ; pour désigner la femme actrice (souvent amatrice) de la vidéo en question. Ce glissement terminologique démontre de manière claire que l'image que possède la femme maghrébine de France est souvent celui de la femme légère.

Avec ce genre de modèle et de représentation, il n'est pas illogique que de jeunes filles d'origine maghrébines puissent emprunter des chemins sinueux, menant parfois à une destination de mauvaise facture, puisqu'elles sont confrontées quotidiennement à un reflet de femme aux mœurs légères. Les femmes n'entrant pas dans ce genre de stéréotypes faisant de la femme orientale désirée et désirable que se font les pervers fétichistes non-arabes, rêvant de se les accaparer et d'avoir librement accès à leur entrejambe, fantasme émanant du fait que la femme arabo-musulmane est justement tout l'inverse de ce dont ils rêvent ; caractère vertueux, il fallait faire de cet objet de fantasme inaccessible une réalité accessible ; fabriquer une image diamétralement opposée de ce qu'elle est en réalité et la propager, afin d'atteindre le saint-graal : le corps de la femme arabe. Comme en Algérie, durant la période coloniale, avec cette politique de « dévoilement » des femmes musulmanes, les hommes de souche européenne continuent de faire tout ce qui est en leur pouvoir pour détourner la femme arabe de ses valeurs traditionnelles et religieuses, dans le dessein, encore une fois, de la rendre réceptive à leurs avances.

Comme l'a si bien dit, il y a plusieurs siècles en arrière, le célèbre philosophe grec Aristote : « *la nature a horreur du vide* » ; et ce vide que constitue l'absence de représentations positives et respectables des Arabes de France dans les médias est forcément comblée par ce que les élites bourgeoises mondialistes ont décidé de créer de toutes pièces, à savoir, comme nous l'avons vu, des hommes « musulmans » et des femmes « musulmanes » totalement acculturés qui ne jurent que par les valeurs mondialistes mortifères, en opposition totale avec celle de leur patrimoine civilisationnel ancestral, qu'ils finissent même par rejeter et mépriser avec véhémence, ce qui est somme toute assez logique puisqu'il est normal de détester et de s'éloigner du caractère externe de ce vers quoi nous sommes attirés.

Colonisation linguistique

Beaucoup de gens pensent encore que la seule colonisation qui existe n'est que physique, territoriale et militaire. Il n'y a rien de plus faux que cette idée. L'entreprise coloniale d'un territoire donné n'est qu'une partie de la démarche hégémonique du peuple occidental sur les populations colonisées. En effet, si la colonisation physique est la plus mortifère dans son acception littérale, la colonisation sémantique, elle, est particulièrement destructrice au niveau intellectuel pour les populations assujetties, surtout qu'elle continue son processus bien après le départ des envahisseurs.

Par *colonisation sémantique,* nous faisons référence à ce phénomène particulier qui touche les peuples colonisés, ou anciennement colonisés qui semblent avoir des difficultés à s'affranchir de la langue et de la terminologie de leurs anciens maîtres. Si nous prenons le cas, par exemple, de l'Algérie, nous pouvons constater que la langue française est toujours omniprésente dans la vie de la population algérienne, en 2023, pourtant libre (plus ou moins) et détachée de la France impérialiste depuis 1962.

Et ce n'est pas vraiment aux nombreux termes français qui composent, pour ne pas dire qui parasitent de manière insupportable l'arabe dialectal algérien[22] que nous faisons référence, mais, surtout, à la place que la langue de Molière occupe dans le système algérien, que ce soit au niveau de l'administration ou de l'éducation bien que ne faisant pas partie des langues officielles du pays.

Après l'indépendance algérienne, il y a plusieurs décennies, l'Algérie a tout naturellement tenté de se reconnecter à ses valeurs et traditions ancestrales arabo-musulmanes, confisquées, bafouées, méprisées par le système colonial. Pour cela, il était impératif, en premier lieu, de renouer avec les racines linguistiques du pays. Pour cela, le nouveau gouvernement algérien indépendant a entamé une politique d'arabisation, ou, plus exactement, de RÉ-arabisation du peuple algérien, devenu tributaire de la langue

---

[22] L'arabe populaire algérien, en réalité, et non l'arabe dialectal.

française coloniale depuis près d'un siècle et demi.

Pourtant, malgré cette tentative de se réapproprier leur langue maternelle, les Algériens restent, aujourd'hui, plus d'un demi-siècle après l'indépendance de leur patrie, emprisonnée dans la langue de leurs anciens colons.

En effet, sans être une langue officielle, la langue française est pourtant, de manière officieuse, la langue majeure du pays, puisque celle-ci reste la langue de la transmission du savoir, à partir du moment où l'enseignement universitaire des Algériens se fait par le biais du français, et non de l'arabe. Les secteurs administratifs, eux, se basent également, en priorité, sur la langue française.

Au niveau de la population, si l'arabe reste, malgré tout, la langue véhiculaire principale des Algériens, l'usage du français est quand même relativement important. Dans une étude de la MBRSG, datée de 2014, nous pouvons constater qu'en Algérie, mais également dans les trois pays du Maghreb, le réseau social *Facebook* est plus utilisé en langue française qu'en langue arabe. En Algérie, 76 % des utilisateurs de *Facebook* postent leurs publications en français, contre seulement 32 % en langue arabe. Chez leurs voisins marocains, le résultat est sensiblement identique, puisque l'étude en question nous apprend que 75 % des Marocains utilisent le français, contre 33 % faisant usage de la langue de leurs ancêtres. Chez les Tunisiens, le résultat est encore pire, puisque seuls 18 % des Tunisiens usent de la langue arabe sur *Facebook,* contre 91% pour le français.

Le rapport de la *Wikimedia Traffic Analysis Raport* nous apprend que la page française du site *Wikipédia* est consultée à 39 % par les Algériens, à peine moins que la page arabe, qui donne un résultat de 48 %. Au Maroc, la page française est plus consultée que la page arabe, à 40,7 % pour la première, contre 39 % pour la seconde. Comme pour Facebook, les Tunisiens font, encore une fois, figure de mauvais élève chez les Maghrébins, puisque la page arabe du site *Wikipédia* n'est à peine visitée par ces derniers qu'à 27,9 %, contre 54,1 % pour la page française.

Au mois de novembre 2019, un fait pour le moins insolite s'est produit lors d'une conférence scientifique organisée dans la ville de Casablanca, au Maroc. En effet, à cette occasion, des universitaires chinois invités à cet événement se sont permis de se moquer de leurs homologues marocains, car ces derniers étaient incapables faire leur intervention en langue arabe. Contraints d'utiliser le français, le modérateur chinois, maîtrisant la langue arabe, ne comprenait même pas les propos du Marocain. Plus humiliant encore, l'un des universitaires asiatiques était obligé de demander à son homologue marocain de présenter son sujet en langue arabe, plutôt qu'en français. Ce dernier, dans l'incapacité de répondre favorablement à cette demande légitime, puisque le colloque était censé se dérouler en langue arabe, n'a pas eu d'autres choix que de demander à un intervenant de lui servir d'interprète en traduisant son intervention du français à l'arabe, pour se faire comprendre des invités chinois.

Ce scénario pour le moins rocambolesque mettant en scène des Chinois arabophones qui demandent, en langue arabe, à des Arabes, dans un pays arabe, de s'exprimer en arabe, semble sorti tout droit de l'imagination d'un scénariste spécialisé dans les films comiques. Si, aux premiers abords, cet épisode peut faire sourire, elle cache pourtant un problème plus profond, car elle met en exergue un phénomène gravissime. En effet, il n'est absolument pas normal que des Arabes nés dans un pays arabe soient incapables de communiquer dans leur langue maternelle et soient obligés de recourir à une langue étrangère pour exprimer leur travail. Les États maghrébins doivent impérativement prendre les dispositions nécessaires pour faire de l'arabe la principale langue d'instruction et d'éducation de leurs populations, et, ainsi, sortir de cette hégémonie linguistique occidentale, qui relègue la langue arabe à un simple dialecte populaire. Cette suprématie sémantique à un effet désastreux sur les populations d'origine arabe, puisqu'elle crée un complexe d'infériorité et déstructure leur identité.

En effet, aujourd'hui, beaucoup de Maghrébins sont persuadés qu'il ne faut s'exprimer qu'en français, et avoir une culture « générale » occidentale pour être des personnes cultivées et instruites. Dans leur inconscient, seule la maîtrise de la langue française peut faire d'eux des êtres cultivés. De plus, l'instruction ne peut passer que par la lecture et la connaissance des œuvres littéraires françaises et occidentales.

Un ancien reportage français, ayant ressurgi récemment sur les réseaux sociaux, montre une dame algérienne d'un certain âge, s'exprimer dans un français plus que banal, et faire référence à Victor Hugo. Cette vidéo qui, pourtant, ne semble rien montrer d'extraordinaire, a suscité des centaines de réactions, plus affligeantes les unes que les autres.

Entre les « Blancs », qui, avec un esprit colonialiste insupportable, s'émerveillaient de voir une femme algérienne s'exprimer dans leur langue, délaissant sa langue maternelle, l'arabe, et revendiquer sa passion pour Victor Hugo, (qui, rappelons-le, était un immonde raciste colonialiste pour qui les Africains Subsahariens n'étaient pas des êtres humains.), et les Arabes eux-mêmes, louant sa maîtrise pourtant élémentaire de la langue de leur ancien colonisateur, en étant fiers de voir une des leur être « éduquée » et « cultivée »…Comme si l'éducation ne pouvait être que lorsqu'un Arabe parle français, et que la littérature française était obligatoirement synonyme de culture. Étrangement, personne n'a semblé s'interroger sur le fait de savoir si cette femme arabe maîtrisait sa langue maternelle à la perfection, ou si elle possédait les ouvrages d'Ibn Khaldûn, d'Ibn Arabi, d'Ibn Athir, ou d'autres intellectuels arabes. Ce complexe d'infériorité hérité de la période coloniale au Maghreb doit absolument cesser et disparaître de l'esprit et du cœur des Maghrébins. Pour cela, la première étape est de justement décoloniser la pensée et le langage des Arabo-musulmans d'Afrique du Nord. La langue étant l'organe et l'expression de la conscience, on ne peut décoloniser l'un sans décoloniser l'autre.

Décolonisation sémantique

Il est incontestable que ce sont ceux qui ont le pouvoir qui possèdent également celui de définir les termes ainsi que leurs définitions. C'est la raison principale pour laquelle il est plus que primordiale, pour s'émanciper de la dépendance idéologique que les arabo-musulmans entretiennent avec leurs anciens maîtres, de commencer par s'affranchir de la tutelle sémantique et linguistique qui les maintient dans un état de servitude caractérisée.

Pour cela, il convient, en premier lieu, de commencer par rejeter la terminologie occidentale qui sert à les définir, afin qu'ils puissent alors se définir eux-mêmes, avec leurs propres termes. En effet, laisser les autres nous définir, c'est leur donner le pouvoir sur nous. Si ce sont les Occidentaux qui nous définissent avec leur propre terminologie issue de leur espace civilisationnel, historique et linguistique, nous leur offrons gracieusement la possibilité de réécrire notre propre histoire, et d'être, au final, prisonnier de leur tutelle intellectuelle.

En France, il existe encore bien trop de Maghrébins qui continuent de se définir avec le terme « rebeu », qui est le verlan du mot « beur », terme popularisé dans les années 80 par la gauche paternaliste pour désigner les Arabes nés en France de parents maghrébins. En s'identifiant à cette appellation, les Franco-maghrébins consentent volontiers à rester enfermés dans ce terme risible et finissent, de manière inévitable, par le confondre avec leur identité véritable.

Que représente, dans l'imaginaire collectif, le terme « rebeu » ? L'immigration ouvrière, la banlieue, le chômage, la pauvreté, les ghettos, le rap. Il est absolument tout, sauf normal, que des jeunes, et même des moins jeunes Arabes issus d'un peuple qui, de par son histoire, fait partie des peuples les plus prestigieux ayant peuplé le monde, et dont le rôle civilisationnel n'est pas contestable, puissent fonder leur identité sur un terme qui les renvoie à leur seule condition de Franco-maghrébins issus de l'immigration. Nous n'avons, par exemple, que rarement vu des Français d'origines italiennes se revendiquer fièrement en tant que « ritals », terme immonde qui symbolisait, naguère, le mépris envers les premiers immigrés italiens venus travailler dans l'hexagone. Les Maghrébins de France doivent impérativement se détacher le plus vite possible de ce terme « rebeu », qui les enferme dans une pseudo-identité qui ne se résume à rien d'autre qu'à leur condition d'Arabes de quartiers populaires français.

Les Arabes nés en Occident (mais pas seulement) doivent se définir eux-mêmes, en utilisant leurs propres termes et les imposer aux Européens « de souche ». Cette étape est, sans aucun doute, la plus importante, car elle est la première qui devrait les amener à la cessation de leur aliénation identitaire. Tant qu'ils n'auront pas entamé ce long, mais salutaire, à terme, processus de décolonisation idéologique et linguistique, les Arabes resteront cloîtrés dans ce complexe identitaire, ce qui les empêchera de mener une existence par eux-mêmes, avec leurs propres codes et schéma civilisationnel, dans ce monde occidentalisé.

Les musulmans de l'Algérie coloniale n'ont jamais adopté le terme « *indigène* », que le gouvernement impérialiste leur a arbitrairement accolé. Les Arabes de France ne doivent pas non plus adopter les nouvelles appellations que ces mêmes colons (idéologiques) leur ont attribuées. Comme dit plus haut, c'est le maître qui détient le pouvoir de définir les termes. Les Arabes, que ce soit ceux de France ou du Maghreb, doivent donc prendre ce pouvoir de se définir avec leur propre terminologie, issue de leur propre histoire, afin de redevenir maîtres d'eux-mêmes, maîtres de leur destinée.

Pour prendre un exemple concret et très actuel pour illustrer cette mainmise occidentale sur l'espace terminologique, nous pouvons citer le terme « *antisémite* ». Ce mot a été totalement et irrévocablement galvaudé par le pouvoir dominant, qui a décidé de le définir de façon on ne peut plus arbitraire par une hostilité (réelle ou supposée) envers les individus de confessions juives. En effet, les élites ont décidé que seuls les Juifs étaient ou pouvaient être victimes d'*antisémitisme*. Pour cette raison, dans l'imaginaire collectif, les Sémites ne désignent que les enfants d'Israël, au point où cette appellation est devenue véritablement un synonyme du mot « juif ».

Pourtant, à l'origine, le terme « *sémite* », crée à la fin du XVIIIe siècle par l'historien allemand August Ludwig Schlözer en référence à Sem, fils de Noé, désignait les peuples originaires du Proche-Orient dont les langues étaient l'araméen, l'hébreu et l'arabe, des langues de la branche dite « sémitique ».

Parmi ces peuples, les Arabes en font donc partie (certaines théories, notamment dans les écrits de Pierre Rossi, affirment que la péninsule arabique serait le berceau de tous les peuples sémites). À partir de là, nous comprenons que qualifier un Arabe malveillant envers les Juifs d'*antisémite* n'a rien de logique, puisque l'Arabe est tout autant Sémite que le Juif. Plus encore, il est important de préciser que la majorité des Juifs occidentaux victime d'attaques *antisémites,* qu'elles soient avérées ou non, ne sont aucunement d'origines sémitiques, puisque les Juifs originaires des pays d'Europe, sont, dans la tradition biblique, des descendants de Japhet, qui est un frère de Sem. Désigner un Arabe qui, lui, est un véritable Sémite, d'*antisémite*, lorsque celui-ci témoigne d'une aversion envers les Juifs Occidentaux pour une raison « raciale », c'est créer une inversion terminologique, puisque le Sémite devient le non-Sémite.

Cet exemple illustre à la perfection la manière dont celui ou ceux qui détiennent le pouvoir possèdent également, par définition, celui de les définir comme bon leur semble et d'en changer le sens de manière arbitraire. Les Arabes doivent se décoloniser sémantiquement pour espérer être décolonisés au niveau de leur esprit. Cela passe en premier lieu par une rupture intellectuelle totale avec les appellations issues du corpus terminologique, historique et idéologique occidentales utilisées pour les Arabo-musulmans.

Par ailleurs, il est tout aussi important, pour les Arabes et les musulmans, de cesser de se justifier sans arrêt auprès des Européens, par rapport à certaines appellations qu'ils ont inventées et décider de leur attribuer. Par exemple, le terme « *islamiste* », qui désignerait, selon la définition de ceux qui ont inventé (ou détournés) ce mot, un musulman qui serait adepte de l'« islam politique ».

Or, « islam politique » est un pléonasme total, car l'islam, par définition et par essence, est politique. En effet, l'islam, contrairement à la nouvelle vision occidentale cette religion, n'est aucunement une simple croyance que les musulmans peuvent garder dans leur chez-soi, dans leur simple intimité, puisque l'islam est intrinsèquement une loi, la loi sacrée d'Allah.

C'est elle qui régit la vie du musulman, tant sur le plan intime, privé, que dans sa vie sociale et politique. Malheureusement, l'aliénation de beaucoup d'arabo-musulmans nés en Occident ne leur permet pas de comprendre cela, et, eux aussi, sont persuadés que l'islam peut être dissocié de la vie politique et peut, ou doit, demeurer dans le cercle privé. Pourtant, le musulman authentique croit au message de l'Islam dans son intégralité, et il ne peut décemment faire preuve de sélectivité en ce qui concerne les éléments du message divin révélé au dernier prophète de l'humanité, en croissant ce qui lui convient, pour laisser de côté ce qui pourrait le mettre dans une position contradictoire avec ses « croyances » dans la nouvelle religion d'État française : la laïcité occidentale.

Le « bon » musulman

Le musulman qui suit les préceptes de l'Islam dans son aspect spirituel ne peut donc que suivre, également, ceux qui font de cette religion un corpus législatif qu'il est dans l'obligation de suivre et de respecter en tant que croyant. Entendre ou lire des « musulmans » de France revendiquer un fallacieux « islam-laïque », est très symbolique du degré d'aliénation de ces personnes.

Ces individus, par ailleurs, sont souvent présentés par les médias occidentaux comme des « bons musulmans », des modèles exemplaires du modèle d'intégration et d'assimilation à la République française. Il est intéressant de constater que, dans cette configuration, les critères qui permettent de déterminer de façon objective ce que signifie être un bon musulman, ne sont plus le degré de croyance ou le niveau de pratique de la religion musulmane, ni le degré de piété des croyants, mais leur degré de soumission et d'allégeance aux lois républicaines.

En France, le critère principal pour être qualifié de « bon musulman », est la capacité du « croyant » à se délester le plus possible de sa religion. La quintessence du paradoxe. Le musulman dit « modéré » est le musulman exemplaire, celui qui doit servir d'exemple à tous ses frères musulmans de France. Le terme « modéré », par ailleurs, est parfaitement adapté à la situation, puisque le musulman « modéré » est, précisément, modérément musulman. Juste un peu, mais pas trop non plus. En fait, le musulman « modéré » est un musulman qui n'est pas trop musulman. Son lien véritable avec l'islam ne va pas beaucoup plus loin que son patronyme « exotique » et son faciès sémitique.

Le baromètre utilisé pour déterminer qui est un bon musulman ou non, est déterminé par les non-musulmans sur des critères non-islamiques. Plus le musulman est détaché des préceptes de l'islam, plus celui-ci est considéré par les médias français comme étant un bon musulman, un musulman modèle et exemplaire. Le terme qualificatif « bon », dans ce cas de figure, ne renvoie aucunement au niveau d'islamité du musulman, mais seulement à sa capacité d'être « bon » pour les intérêts de l'État français islamophobe. En d'autres termes, en France, un bon musulman est un musulman qui n'est plus musulman.

Cette dépendance terminologique qu'ont les Arabo-musulmans français a pour effet de les induire en erreur, surtout en ce qui concerne leur foi. En effet, beaucoup de Français musulmans sont réellement persuadés, aujourd'hui, que l'islam et la laïcité sont deux éléments totalement compatibles, comme tentent de leur faire croire les pseudo-imams 2,0 à la botte de la République islamophobe, ou encore, que le terme *islamiste,* dont la désignation, comme nous l'avons vu dans les pages précédentes, fait une distinction inexistante en islam entre le temporel et le spirituel du message révélé.

En fait, l'une des causes principales menant à cette erreur est celle de transposer une terminologie et les définitions occidentales issues de la langue et de l'histoire française, sur une réalité et un concept arabo-islamique. Effectivement, la faute première est de faire la confusion entre la définition française du terme « religion » avec sa définition arabe.

Dans la langue du Coran, le mot *« Din »* est un terme polysémique qui ne désigne pas uniquement le caractère spirituel de la religion musulmane, mais également son aspect temporel. En effet, ce terme *« Din »* regroupe autant la foi, qui se traduit généralement en arabe par *« iman »* (qui concerne la croyance ET la pratique, deux éléments absolument indissociables, n'en déplaisent aux sophistes ayant inventé ce concept fallacieux de « musulman non-pratiquant »), et la loi islamique, qui est traduite par *« Charia »*.

À l'inverse du mot « religion » et à son acception purement occidentale et française qui ne semble pas plus désigner, aujourd'hui, qu'un ensemble de rites daté d'un autre temps, le terme *« Din »*, dans le Coran, en langue arabe, a plusieurs significations et fait référence à quatre éléments en particulier : l'autorité d'Allah, la soumission au Créateur, au corpus législatif, et au jugement d'Allah envers les actions des hommes.

Il existe un nombre incalculable de versets coraniques qui démontre les différentes acceptions du mot « Din » et aux quatre éléments susmentionnés. À partir de ce constat factuel et objectif, il est aisé de comprendre la supercherie monumentale de la fallacieuse dichotomie entre l'Islam et l' « islam politique ».

L'islam n'est pas qu'un ensemble de pratiques religieuses au sens occidental du terme, c'est un mode de vie décrété par Allah dans Sa révélation. Affirmer qu'on peut être musulman et laïc, ou que la religion ne concerne que la sphère privée, est non seulement la preuve d'une méconnaissance abyssale et avérée de ce qu'est la religion islamique, mais aussi, un contre-sens et un oxymore paroxysmique, puisque l'islam, intrinsèquement, est une loi à laquelle tous ses disciples doivent se soumettre.

Dire qu'il est possible et imaginable d'adhérer au caractère spirituel de la Révélation, tout en mettant de côté son aspect législatif, c'est vouloir couper le Coran et la parole d'Allah en deux, en acceptant ce que nous voulons accepter, tout en rejetant ce qui pose problème à notre intégration et notre assimilation au système et aux mœurs occidentales et françaises.

Qui de mieux qu'Allah Lui-même pour répondre à ces inepties ?

« Croyez-vous donc en une partie du livre et rejetez-vous le reste ? Ceux d'entre vous qui agissent de la sorte ne méritent que l'ignominie dans cette vie, et au jour de la résurrection ils seront refoulés au plus dur châtiment, et Allah n'est pas ignorant de ce que vous faites ».

Le piège de la lutte anti-raciste

Depuis de nombreuses décennies, le système occidental a tenté (et réussi) de faire croire aux Arabes de France, et même aux Africains de manière générale, que leur seule préoccupation devait être de lutter contre le racisme. La destinée des Arabes de France ne devait passer que par le combat antiraciste et la lutte pour se faire bien voir et être accepté par les « Blancs », les Français « de souche ». Malheureusement, ceci a parfaitement fonctionné, au point où, aujourd'hui, la seule préoccupation des Franco-maghrébins est de tout faire pour gagner l'amour des « Blancs ».

Pourtant, il est important, pour les Arabo-descendants nés sur le sol de l'Occident, de comprendre que la lutte contre le racisme, en plus d'être voué à l'échec, n'est rien d'autre, ou pas beaucoup plus, qu'une distraction stratégique politique. En effet, en premier lieu, il est temps de prendre conscience d'une réalité absolument implacable : <u>le racisme ne disparaîtra jamais. Le sentiment de supériorité ou de haine d'une population sur une autre existe depuis la nuit des temps au sein de chaque peuple, chaque contrée, chaque nation, et cela ne changera certainement jamais. Tenter de lutter pour faire disparaitre un sentiment humain ne peut être que vain.</u>

Le mal, sous ses différentes formes et expressions, dont le racisme fait partie, est dans le cœur des hommes, tout comme le bien, depuis toujours, et cela ne changera jamais. Penser que le racisme, qu'il soit anti-Arabe, anti-Noir, anti-Asiatique, ou autres, peut disparaître alors que, même au sein de ces populations, le « racisme » est présent, est une vaste utopie. En partant de ce constat glacial, nous ne pouvons que comprendre que <u>la lutte antiraciste est un combat contre un épouvantail, car perdu d'avance, étant donné que le racisme ne disparaîtra jamais</u>.

Comme nous l'avons dit précédemment, la lutte contre le racisme n'est rien de plus qu'une distraction stratégique et une diversion politique dont l'objectif est de détourner le regard de certaines populations de leurs vrais problèmes, que sont le mondialisme, le néo-colonialisme, l'acculturation ; en d'autres termes : la suprématie occidentale sur les autres peuples, qui est effective depuis plusieurs siècles. Pointer principalement de l'index le racisme, c'est déplacer le curseur vers des sujets totalement périphériques. Les penseurs, les politiciens, partis politiques, associations antiracistes, qui poussent véritablement les Arabes de France dans cette lutte inutile et perdu d'avance ne le font que dans leur propre intérêt, car ces derniers ne souhaitent aucunement les voir s'occuper des problèmes réels qui touchent la population arabo-musulmane. A aucun moment, et sous aucun prétexte, les Arabes de France ne doivent faire du combat contre le racisme leur lutte principale, pour ne pas dire leur lutte tout court.

Les Franco-maghrébins doivent se battre dans le but de devenir les maîtres de leur propre destinée, en totale indépendance, tant politique qu'intellectuel, et, aucunement, se battre pour avoir la « chance » d'obtenir une place chez les « autres », chez des gens qui ne veulent pas d'eux et qui leur font comprendre cela depuis de nombreuses décennies. Si un pays ne veut pas d'eux, alors ils ne doivent pas vouloir de ce pays non plus, et, encore moins, se battre pour gagner son amour. Cette logique de mendicité affective et intellectuelle, par ailleurs, est en contradiction totale avec la lutte anticoloniale de leurs parents, de leurs grands-parents et arrière-grands-parents. En effet, il est nécessaire de rappeler que le combat contre la colonisation mené par les alleux des Arabes de France était précisément, par essence, dans le but d'avoir le droit de disposer de leurs terres, de leur identité véritable, d'eux-mêmes, et de leur propre destinée, et non pas pour que leurs descendants se battent pour gagner une place chez leurs colons en se complaisants dans une posture victimaire éternelle et insupportable.

Il faut le dire avec la plus grande clarté possible : les autres, quelles que soient leurs origines, ont le droit d'aimer ou de ne pas apprécier qui ils le veulent, pour les raisons qu'ils veulent. Ils ont donc le droit de ne pas accepter les Franco-maghrébins comme faisant partie des leurs. Être dans une logique de mendicité vis-à-vis de ceux qui ne les aiment pas et qui ne veulent pas d'eux est une posture absolument honteuse, indigne, en plus d'être inutile. Nous rejetons cette philosophie et nous la condamnons de la manière la plus ferme qui soit. Encore une fois, nos ancêtres se sont battus, au prix, bien souvent, de leur vie, pour que leurs descendants soient libres et puissent avoir le droit d'être les maîtres de leur destin, et nullement pour que ces derniers soient dans une position de victime et mendiant affectifs. Il est absolument inconcevable que des Arabo-musulmans de France ne voient leur destin que dans une lutte qui leur permettrait éventuellement d'avoir le droit de rentrer en boite de nuit sans être discriminés par les vigiles en raisons de leur faciès, trahissant leurs origines arabes.

C'est dans une optique d'éduquer les futures générations à la connaissance d'eux-mêmes, de leur histoire, de leur identité, que les Arabes de France doivent mettre leur énergie. Ce n'est que de cette manière qu'ils pourront véritablement sortir de cette emprise intellectuelle occidentale, qui pousse les Maghrébins de France à croire de manière sincère que leur devenir ne peut passer que par leur intégration dans les sociétés occidentales et par l'amour et l'approbation des occidentaux. Focaliser son énergie sur l'amour des autres et sur leur capacité potentielle et fluctuante à les accepter, c'est leur donner un pouvoir et une emprise sur eux, puisque cela les installe dans une position qui fait d'eux leur baromètre sans qui ils ne pourraient décemment mener une existence sereine tant qu'ils n'auront pas décidé de faire d'en faire leurs semblables. Nous le répétons, les parents et grands-parents des Franco-maghrébins n'ont pas donné leur vie pour être les semblables des Occidentaux, mais pour être *eux-mêmes* libéré de la colonisation territoriale et morale des suprémacistes occidentaux.

Ce n'est que lorsque les Maghrébins de France auront pris conscience de leur identité et de leur valeur propre qu'ils pourront mener une existence conforme à n'importe quel autre peuple sur cette terre, et non pas en quémandant le respect et l'amour des autres en inspirant la pitié et la peine à leur endroit.

L'amour ou la haine qui existe dans le regard des autres ne doit aucunement être une préoccupation pour les Arabes de France. <u>C'est leur respect qu'ils doivent obtenir, et non leur amour</u>. Et le respect ne s'obtient qu'en l'arrachant, et nullement en le quémandant. Dans le monde dans lequel nous vivions, le fort domine le faible ; il y a les dominants et les dominés. Ceci est une règle naturelle depuis les temps préhistoriques, et cela ne changera jamais, qu'importe les fallacieux et naïfs discours « *Peace & Love* » des illuminés qui fantasment sur un monde imaginaire égalitaire qui n'a jamais existé à travers l'histoire, dans aucune société, aucune contrée. Ce monde où les hommes s'aiment tous et marchent tous ensemble, main dans la main, parce qu'ils sont « tous égaux, tous humains », s'apparente plus à une vue de l'esprit qu'à une vision du monde factuelle. L'égalité n'existe pas, et n'a jamais existé dans la nature humaine. Il y a toujours eu des dominants, et donc, par conséquent et par définition, des dominés. Les Arabes ont été dominants à une certaine époque, durant une longue période de l'histoire, avant de se faire détrôner par d'autres peuples, dont font partie les Occidentaux, anciens dominés. Ainsi est la loi de la nature, et rien ne pourra changer cela.

CONCLUSION

Nous voilà arrivé au terme de notre ouvrage. Notre but, en réalisant cet ouvrage, n'est pas de taper gratuitement sur les néo-harkis ; le lecteur aura remarqué que ce livre n'est pas un pamphlet, mais un essai sociologique sérieux, malgré un titre provocant.

Notre objectif est de faire prendre conscience aux Franco-maghrébins que, bien qu'ils soient nés sur le territoire français, ils ne seront peut-être jamais considérés des Français à part entière, comme le montre, encore une fois, les innombrables discriminations qu'ils subissent quotidiennement dans ce pays où leur présence depuis près d'un siècle est pourtant plus légitime que celle d'autres communautés, en raison du sang versé et de la sueur.

Il est grand temps pour les Arabes de France d'arrêter de mendier l'amour des autres et commencer à s'organiser de manière autonome. Pleurnicher et traiter les Français « Blancs » de racistes parce qu'ils ne veulent pas d'eux ne les mènera à rien. Ce n'est que lorsque qu'ils auront pris conscience de leur identité véritable que qu'ils pourront avancer avec et sortir de ce rôle misérable et indigne qui leur est assigné en France, celui de paillasson sur lequel l'État et les politiciens en recherche de voix électorales s'essui allègrement.

La victimisation n'est pas notre créneau et ne le sera jamais ; mendier l'amour des autres ne nous intéresse pas, il n'y a que lorsque nous commencerons à nous aimer nous-même et à prendre conscience de notre histoire que nous imposerons le respect et que nous aurons la possibilité de ne plus dépendre de la considération que les autres peuvent avoir à notre égard.

Comme nous avons pu le voir au cours de ce chapitre, les racines de la déculturation de ces collabeur tirent leurs origines de la période coloniale (qui, soit dit en passant, tirent elles-mêmes ses origines de la philosophie des « lumières », comme le démontre la littérature française du XVIIIe au XXe siècle.). En effet, la colonisation avait un objectif bicéphale : l'appropriation et le pillage des richesses naturelles des pays maghrébins par leur annexion politique et territoriale à la métropole, ainsi que la mission pseudo-civilisatrice légitime de la prétendue supériorité de la « race » blanche sur les peuples conquis.

La colonisation physique achevée, celle idéologique commença, et, pour cela, la France a mis en place diverses actions visant à supprimer les mœurs traditionnelles, culturelles et religieuses afin de les remplacer par celles qu'elles importaient, celles qui devaient, selon leur conception suprémaciste, être universelles. Cette acculturation ayant échoué lamentablement à grande échelle, elle réussit quand même à atteindre certaines personnes de la population, et produira même des fruits sur le très long terme, jusqu'à notre époque, avec ces collabeur, ces néo-harkis, qui, comme leurs ancêtres collaborant militairement aux côtés de leurs bourreaux, face à leur peuple, se rangent idéologiquement du côté de ces mêmes bourreaux idéologiques, en France, contre quelques privilèges financiers.

ANNEXE

LES COLLABEURS par Marc-Edouard Nabe . 2004

J'en veux à ces « Arabes » français (c'est « Arabes » qu'il faut mettre entre guillemets, pas « français » !) qui pourraient ouvrir leur gueule et qui la ferment. Plus ces lâches, colonisés dans l'âme au point de se laisser traiter de « beurs », sont connus, plus ils se taisent. Ils écoutent sans sourciller - et quelquefois sans moustacher - leurs patrons répéter que les attentats en Irak et en Palestine sont inspirés par la haine religieuse pour l'Occident, que ce sont les Musulmans d'abord qui en font les frais et en particulier les femmes, et autres c******* démocratiques... Les Arabes intégrés sont des esclaves volontaires qui participent à l'entreprise industrielle de désislamisation généralisée. Moins de Coran et repli identitaire sur des traditions injustifiées. Voilà pourquoi je les appelle désormais des Collabeurs.

Les Arabes, les Français ne les emploient que pour dire du mal de leurs frères. C'est le seul boulot au fond qu'on daigne leur trouver. Faire de la propagande contre les Musulmans. Chacun à son niveau y va de sa petite désolidarisation. Avant, on exploitait les Arabes en leur mettant un marteau-piqueur entre les mains pour qu'ils défoncent la chaussée. Maintenant, ils doivent eux-mêmes être les marteaux-piqueurs qui défoncent l'islam véritable. C'est toujours de la main-d'œuvre, ni plus ni moins. Quel que soit le statut social auquel on fait semblant de le laisser accéder, l'Arabe le plus lettré, le plus professoral, le plus universitaire, se retrouve au service du Laïc.

Non seulement ils sont collabos, mais ils vantent les mérites de la collaboration, ils savent très bien que sans ça ils resteraient de pauvres Arabes humiliés. Ils préfèrent devenir de riches Arabes humiliants. Et puis. sr « engagement » pour la « Paix » dans ce qu'ils osent encore appeler la « Palestine » est un gage de plus de leur succès. Plus ils comprendront Israël, moins Israël les prendra pour des cons. L'essentiel est qu'ils crachent dans le bouillon du couscous. Alors, ils seront sûrs de continuer à casser la graine. Les collabeurs ont tous tellement peur de perdre leur place ! Au moins, qu'ils expliquent pourquoi dire certaines choses les priverait de leur boulot... Même pas.

On l'a bien vu dans l'affaire Dieudonné. Seuls les plus naïfs ont avoué que ce serait dangereux pour leur carrière de soutenir le Camerounais antisioniste. Le voilà, l'antisémitisme inconscient qui passe aux aveux. Si on pense que ne pas se démarquer de quelqu'un qui est accusé d'être antisémite est préjudiciable à son emploi dans le show-biz, c'est qu'on admet que ce show-biz est dirigé par des gens qui voient de l'antisémitisme partout. Les collabeurs révèlent sans le vouloir le fond de leur pensée qui n'est autre que le fameux cliché qu'ils font semblant de pourfendre et qu'ils alimentent par leur autocensure : ce sont les Juifs qui dirigent le show-business et tout le monde dépend d'eux. Les requins ricanent. Je suis persuadé que les plus malins des producteurs préfèrent encore Dieudonné et sa grande gueule aux faux culs qui se désolidarisent de lui par peur de per' e leur croûte Dans le spectacle, il y en a un paquet de collabeurs à avoir désavoué leur camarade ! Fellag par exemple, le drolatique Kabyle a joué au dernier des chameaux en reprochant à Dieudonné d'avoir « dépassé la limite ». Evidemment, pour lui c'est facile de faire marrer en racontant des histoires algériennes, bien dégagé et pas seulement derrière les oreilles, dans de petits spectacles plus tendres que cruels.

Et le petit nouveau Tomer Sisley qui estime qu'« on ne peut pas rire de tout ». Lui ne prend aucun risque, il arrive sur scène et d'emblée il dit : « Je suis juif et arabe. » Il est le seul - avec ceux qui ne sont pas arabes - à trouver ça drôle. Tout va bien pour lui, qu'est-ce qu'il y a de marrant ? Vrai ou faux, le doute subsiste et il en bénéficie pour faire passer son message de « rigolo » qui fait semblant de ne pas comprendre pourquoi il peut tout dire désormais. A lui on ne reproche pas de faire des sketches pas drôles.

Dans le genre « intello », il y a aussi Malek Chebel avec sa tête de cocu du Coran ! Il n'arrête pas de dire « merci, merci » aux Occidentaux qui daignent l'accepter dans leur clan en tant que traître absolu, multipliant les manifestes et les dictionnaires sur un islam aseptisé et intégrationniste. Chebel se dit « radical de la modération », un « prof beur » qui est pour la « concorde » ! Malek Chebel qui prône l'« islam des Lumières » ! Bientôt, il va nous dire que la Révolution française était avant tout islamique, islamique modérée bien sûr. Ce collabeur se réjouit que des imams soient expulsés et attend que l'État et les intellectuels se soudent davantage pour combattre les extrémistes de son pays ! On rêve ! C'est les mille et une saloperies !

Super-collabeurs également, les commentateurs professionnels des problèmes du Proche-Orient... Grandes gueules de l'antiterrorisme ! Tous ces spécialistes qui ne voyagent jamais ! « C'est tout à fait symptomatique de ce qui se passe dans la région », disent-ils. On en voit tous les jours dans l'émission C dans l'air, la bien nommée, où toujours les mêmes théoriciens du carnage viennent faire du catastrophisme sans jamais prendre parti. À côté d'une barbouze toujours habillé en Jacquard, il y a deux anciens des forces libanaises : un à fine moustache très serveur de soupe, et surtout un autre à proverbes avec une gueule de traviole. Sa bouche, à force de se tordre pour mentir, va finir par passer de l'autre côté de sa tête et se retrouver sur sa nuque ! Ça lui donne un air dégoûté, mais c'est lui qui est dégoûtant... Lorsqu'ils ne se gourent pas sur les événements, ces deux-là noircissent le tableau face à un Yves Calvi dont le boulot est de s'ébahir devant l'actualité et de traduire en langage journalistique leurs topos erronés ! Gueule-Tordue est d'autant plus « collabeur » qu'il n'est pas « beur » ! Il dit toujours aux Blancs : « excusez-moi », ce qui veut dire : « Pardon, mes frères arabes. »

Mais le pire de tous, c'est Mohamed Sifaoui, délateur professionnel, taupe des occidentalistes, mouchard dans l'âme, infiltreur corrompu qui se fait passer pour un héros parce qu'il traite Bush, Sharon et Ben Laden de « fascistes »... Employé du pire journalisme, faux cul absolu, il espionne les imams avec des caméras cachées. Sifaoui se présente comme enquêteur « au péril de sa vie » et les médias le reçoivent les larmes aux yeux et les paumes pleines d'applaudissements. Il faudrait récurer ses casseroles à celui-là aussi, parce qu'il doit en avoir de belles à son cul !

Les collabeurs sont prêts à tout pour entrer dans le cénacle médiatico-politique, car ils adorent la politique. Il n'y a pas que Malek Boutih le Tom Pousse-au-crime, celui que tous les banlieusards appellent « Malek Bounty » (noir dehors et blanc dedans). Il y a aussi sa « sœur » Loubdna Méliane, l'héroïne de « Ni Putes Ni Soumises », un titre de film non porno érigé en slogan féministo-laïc. « Ni Putes Ni Soumises

» devait forcément s'associer à SOS Racisme et à Fun Radio. Ni Putes Ni Soumises ! Quand on s'intéresse un peu à la dénégation on sait ce que ça veut dire. Ça veut dire "putes et soumises" bien sûr. Attention, pas « putes » au sens des Putains, arabes ou pas, qui se prostituent, avec ou sans mac, pour plein de raisons que les « Ni Putes Ni Soumises » ignorent et méprisent. Non, p***, au sens de « faire la p*** » pour obtenir ce qu'elles veulent. Les Putes sont des putes comme on est écrivain ou musicien de jazz, mais les « Ni Putes Ni Soumises » font les putes, nuance.

Ce mouvement est une insulte aux grandes Putains et aussi l'aveu que ces petites mijaurées du parti socialiste, en mal de reconnaissance médiatique, sont totalement soumises, et plus encore, se servent de quelques exemples de malheureuses filles arabes persécutées par leur frère ou leur père ignorants pour avoir un bon prétexte de bouffer enfin à tous les râteliers. La petite Méliane elle aussi veut sa part de gâteau. Collabeurette, elle déteste au fond toute forme de révolte, surtout si celle-ci prend l'aspect d'un voile. N'est-elle ni intelligente ni courageuse pour comprendre et dire que la plupart des filles musulmanes le portent non pas par obscurantisme, mais par signe ostentatoire d'indignation contre la « modernité » occidentale ? Elles se radicalisent par provocation et goût enfantin de la liberté contre leurs parents adeptes, par intérêt, d'un islam soluble dans la pseudo-démocratie à l'occidentale : c'est ça la vérité. Les « Ni Putes Ni Soumises », il faut voir leur comité de parrainage : les « intellos » les plus corrompus de ces vingt dernières années, la brochette de ***** du monde « libre ». Loubna Méliane, aussi vicieuse-présidente de SOS Racisme, c'est la fille des cités, « française avant tout », et qui déteste qu'on lui rappelle ses origines, mais qui a fait tout son beurre (sans jeu de mots) sur elles. Elle veut être le nouveau visage souriant de l'intégration militante ! Elle est surtout médiatisée parce que c'est une « bonne cliente » depuis le lycée : elle a du bagout, la Méliane !

C'est le grand truc des collabeurs, ça : la parlotte creuse. Ils enfilent des phrases longues et « en colère » pour faire croire qu'ils ont quelque chose à dire. Et quelle putasserie ! Dans le genre grande gueule qui vend bien sa salade, le petit Rachid Djaïdani tient le pompon. Quel démago culotté ! Ce « bon client

» squatte tout ce qu'il peut comme talk-show, jusqu'à gêner les plus chevronnés médiateux qui ne peuvent pas le foutre à la porte sans risquer de passer pour anti-beurs. Rachid, qui se veut « écrivain » et non rappeur, balance sa vibes en free style pour mieux pleurnicher de n'être pas encore assez vite une vedette du show-biz... Le complexe des Blancs est tel qu'ils le laissent faire, alors qu'ils pensent que Djaïdani n'est qu'une petite frappe de plus aux dents longues et aux ***** pas encore sorties. Parfait beubeur pour donner l'illusion d'une révolte arabe à des assemblées d'antiracistes professionnels. Son discours à ses « frères », c'est : « Existez, et la télé vous fera vivre ! »

Joli programme

révolutionnaire ! Ah, ils sont tous écœurants. Il n'y a guère que Djamel Bouras peut-être, le judoka chaoui, qui ose un peu l'ouvrir. Et Rachid Taha qui avait fait jadis une parodie de Douce France de Charles Trenet à la sauce arabe. Lui seul semble avoir bien compris. Quand je l'ai rencontré, il m'a reconnu comme étant l'écrivain qui était allé en Irak. « Je ne t'ai pas vu là-bas ! » lui ai-je dit. « Les Arabes n'aiment pas les rebeus... » m'a-t-il répondu, lucide. J'aime bien ce complexe franchement avoué !

On est loin de Samy Nacéri embrassant Gérard Darmon avant de quitter le plateau d'Ardisson. Comme il s'était cru obligé, chez le même, de jurer sur le Coran (avec beaucoup de trémolos) qu'il épouserait sans problèmes une Juive (séquence coupée)... Et les Cheb Mami, les Khaled, les Faudel... Tous terrorisés à l'idée d'être associés à de vrais Arabes. Il faut rentrer dans le lard de tous ces petits cochons !...

Les Tariq Ramadan, les Mohamed Latrèche gênent les collabeurs car ils mettent en péril leur petit système anti-révolutionnaire et lucratif de collaboration. Le mot d'ordre des Arabes modérationnistes après le 11 septembre, c'est « Chut, surtout ne nous faisons pas remarquer ! » Ils se plaignent ensuite que les Blancs les considèrent tous plus ou moins comme des terroristes. Plus ils sont collabos, plus ils grimacent quand on leur rappelle leurs origines, ils mettent ça sur le dos de la lutte contre le racisme, mais c'est sous le poids de l'arrivisme qu'ils croulent. Regardez d'ailleurs comme ils sont ployés. Toujours alourdis par leur trahison alors que les autres sont droits.

C'est en refusant de s'appeler « beurs » que les Arabes se sentiront un peu plus « français ». Malgré ça, ils persistent à se revendiquer « beurs » comme si ça les protégeait du racisme, et que ça leur donnait le passeport d'être « moins arabes »...

Zidane est-il le plus grand collabeur ? Pas sûr... Au moins, le footballeur n'est-il pas dupe de lui-même : « J'ai de beaux yeux, mais faut pas que je parle... » Zinedine Zidane, le génie abruti ! Il y en a quelques-uns comme ça dans le jazz aussi... Sa seule subversion, c'est, parmi les onze, d'être le seul à ne pas chanter La Marseillaise pendant que l'hymne national retentit dans le stade avant le coup d'envoi de chaque match. Est-ce parce que le Kabyle Zizou aurait honte de chanter faux, ou bien parce qu'il aurait honte, en chantant, d'être faux ?... De toute façon, ça n'arrivera plus. Zidane vient à l'instant de quitter les Bleus pour aller non pas à Nadjaf, mais à Madrid. C'est déjà ça !

Non, le roi des « collabeurs », aujourd'hui, tout le monde le connaît : Jamel Debbouze ! Plus qu'une star, un exemple. L'ascension fulgurante du Maghrébin qui a réussi socialement, c'est Jamel qui la représente. Et par le rire, le meilleur moyen de ne jamais faire réfléchir. Et bien sûr le copinage show-biz tel qu'il existait avant lui, du temps où les Arabes n'avaient pas droit à la parole. Ils croient l'avoir désormais grâce à Jamel, mais la seule parole qu'on leur permet de lancer à la face du bourgeois « américano-sioniste » (comme dirait l'autre), c'est celle de l'ironique petit débrouillard d'Agadir ou du ouistiti d'Ouarzazate qui bondit de vanne en vanne et qui ne se sert surtout pas de sa puissante notoriété pour dire des choses importantes sur son peuple. Et qu'on ne me rétorque pas que les Arabes d'Irak ou de Palestine ne sont pas son peuple !

En secret, Jamel se sent coupable de ne jamais rien dire. Il pourrait le faire, lui, dont le cauchemar très kafkaïen est qu'on tape à sa porte un matin et qu'on lui demande de tout rendre : « C'est fini, on s'est trompé, c'était pas vous. » Bel aveu ! En effet, ce n'était pas lui le messie de la cause. Il a fait quelques vagues pour cacher qu'il ne savait pas marcher sur l'eau. Il voulait trop en croquer et plus il étale son rêve devenu réalité (avec un arrivisme bon enfant), plus les esclaves qui s'appellent eux-mêmes « Beurs » se réjouissent à l'idée que ça pour-rait leur arriver à eux aussi : thunes, bagnoles et gonzesses. Exactement comme les comiques et les acteurs blancs. C'est ça l'idéal ? Devenir une fripouille de plus, un alibi antiraciste supplémentaire pour les Négriers du Spectacle !

Jamel finira comme Coluche par raconter des histoires drôles devant des salles hilares d'avance. C'est le sort des faux subversifs, à la base complexés socialement. On ne peut pas faire plus beurement correct. Devant Dieudonné, la réaction spontanée de Jamel sur le plateau a été : « T'es le meilleur ! » La reculade c'est pour après, quand il a pris conscience non pas de l'ignominie du sketch, mais de ses conséquences. Jamel fait le jeu des disproportionnistes. Dans tous les magazines ensuite, il multiplie les propos collabeurationnistes. Par exemple ceux rapportés par le petit vilain YB qui lui aussi regrette d'avoir défendu Dieudonné dans son « roman ». Jamel : « Même ma mère, elle m'en a voulu d'embrasser Dieudonné après ce qu'il avait dit. » Ils se foutent de qui, ces Judas d'Allah ? YB fait la pub de son livre au second degré parce qu'il n'a pas eu le succès espéré et Jamel, entre deux léchages de la couronne du roi du Maroc, renie le seul humoriste qui sacrifie sa carrière de comique pour prendre la défense des Arabes ! On l'attend encore le duo sur scène de Jamel avec Gad Elmaleh - chouchou fuyard - sur le conflit israélo-palestinien ! Jamel ne s'en sortira pas toujours en ne faisant que le ramadan. Le spectacle s'intitulera « Les Juifs et les Arabes, ils s'aiment bien ». Ce qui veut dire, traduit du lacanien : « Ils se haïssent copieusement. »

On dirait que le seul but des Arabes français, c'est de sur-tout ne pas être considérés comme des voyous. Pour les colla-beurs, les deux ennemis sont Sarkozy et Ben Laden. Le premier les pousse à devenir des voyous et l'autre les en dissuade. Ils veulent être des gentils garçons qui aiment tout le monde, qui piquent gentiment les filles, qui ne sont surtout pas fanatiques (sauf du fric), qui aiment bien les Français, qui supportent le racisme avec le sourire et qui vont « colpi » en boîte de nuit le samedi soir. Des bons gars ! Finalement ce qu'ils aiment, c'est la Play Station et l'abbé Pierre. Tout ce qu'il y a de plus francaoui avec juste une « culture arabe » qui s'est réduite au thé à la menthe et à la danse du ventre, et un peu de repentance aussi, sans oublier un grand amour de la jeunesse.. . Jamel est pour le voile, mais comme c'est dit en déconnant personne ne le lui reproche. Les bien-pensants du Monde, de Télérama et du Nouvel Observateur y retrouvent leur compte. Ils essaient de faire le coup du comique politique et social, le bouffon grave qui dit des vérités avec l'élégance de l'arlequinade mais les fourberies de Scapin, on connaît. Grâce à Dieudonné, il avait l'occasion de devenir vraiment un Arabe subversif. Au lieu de ça, il a reculé, tellement effrayé à l'idée de retourner à Trappes, de revendre sa Ferrari noire et de ne pas être à l'affiche d'Astérix 14. Il faut qu'il donne des gages sinon il est foutu. Jamel ne peut rien dire. Un mot à côté, et il risque tout.

La devise de Jamel, la vraie, pas l'officielle anti-lepeniste, anti-riches, anti-flics, non, sa vraie direction dans la vie, son moteur personnel, c'est la phrase qu'il marmonne parfois dans sa barbe, pas trop près du micro, et qui résume bien toute son idéologie : « L'amour de ma mère et la chatte des meufs. »

Pas de pot, c'est dans le numéro de Paris Match où Saddam était exhibé comme un singe que

Jamel a fait l'ouverture. Le gorille et le macaque. Un numéro de Paris Match particulièrement abject. Entre l'édito d'Alain Genestar (Ô Roger Théron où es-tu ?), vantant la « victoire » américaine et une série de photos dénonçant les massacres de Saddam pour bien l'achever au moment de sa capture, Jamel Debbouze en plein triomphe ! Que pense-t-il, Jamel, au cabinet en feuilletant son numéro de Match, où sur une pleine page, on voit un pauvre Irakien abattu « glorieusement » par les GI à côté de sa photo à lui, l'« acteur français le mieux payé » ? Ça ne lui gâche pas un peu sa fierté ? C'est à ça que collaborent le plus les Arabes d'ici, à cette perpétuelle propagande de dénigrements, de négations, d'insinuations, de désinformations, toujours dans le même sens du désengagement politique et religieux (donc artistique). Jamel présente comme un exploit d'avoir le Coran dans la boîte à gants de sa Ferrari mais d'autres Arabes l'avaient sur le tableau de bord d'un Boeing 747. Ça semble ça, le boulot des collabeurs, surtout dissiper l'amalgame. « Vade retro Al-Qaida ! » Ils sont tous à vouloir un islam de France, propre et digne, anti-terroriste, friqué et cultivé. Désolé, ça ne suffit pas de lancer une marque de chaussures et d'en savater tous les plateaux de télévision entre deux gaudrioles, ou de retourner au Maroc pour renforcer encore la politique culturelle et cinématographique de ce « grand festival » (base arrière des requins maghrébo-américains), et lancer au passage des lunettes aux pauvres comme des bonbons.

Au fond, Jamel ne s'en remet pas d'avoir été pauvre à Trappes. Mais Trappes n'est pas la bande de Gaza, et bien qu'il se balade maintenant avec sa bande de gasous dans les beaux quartiers zazous, il le sait très bien, car il est tout sauf con, Jamel. Mais il n'est rien d'autre que « pas con ». Car si ne pas être con, c'est d'accepter de travailler avec des salauds, c'est qu'on est un peu ***** soi-même. Avoir ainsi droit à la parole, souvent en direct, dans les meilleures occasions télévisuelles et faire toujours le même numéro de clown perturbateur, c'est impardonnable. Son père était agent d'entretien, lui aussi finalement. Jamel est un agent du système d'Enculerie Générale et il a été engagé (à condition qu'il ferme bien sa gueule en ayant l'air de l'ouvrir) pour entretenir le public, lui nettoyer la tête.

C'est dans le néologisme que Jamel est le meilleur. J'espère qu'il sait ce qu'il dit quand il fait du Lacan marocain : « Je suis consécramé. » En effet... Sa déformation de mots, son humour est comme celui de tous ses confrères, c'est-à-dire une mise en boîte des autres et de lui-même. Il y en a marre de la mise en boîte. On aimerait bien que les pros de la dérision trouvent autre chose. Qu'ils sortent de leurs boîtes ! Résurrection ? Mais ils n'y croient pas assez... Le tchatcheur n° 1 de France sera toujours en banlieue dans sa tête. Hamdullilah ! Sa gloire, c'est de prendre la parole pour dire qu'il y a trop de cafards dans les cités. Toujours Kafka. Et s'il les métamorphosait en ce qu'ils sont vraiment, ces cloportes ? En Palestine, il n'y en a pas des cafards ? Qu'il voyage un peu, Jamel. D'ailleurs, je l'ai rencontré à la veille de la guerre en Irak...

C'est là que je suis tombé dessus l'après-midi, rue du Four. Il y avait Jamel Debbouze avec ses gardes du corps et Abdel-Kader Aoun aussi... Kader Aoun, c'est le bras droit de Jamel, si j'ose dire. C'est lui sa conscience politique. Juste ce qu'il faut, pas trop quand même. Il m'aime bien Kader, il me l'a dit. Seulement, il trouve que je manque de « finesse » (sic !). « Il faut y aller petit à petit, pas aussi frontalement que toi. » Kader me dit aussi que son idole, c'est

Mohamed Ali. C'est peut-être parce qu'il tremble... Trente ans de retard ! Moi, ce serait plutôt Mohamed Atta. Jamel nous écoute, il porte une espèce de jaquette rouge en feutrine et une casquette orange. - Toi, tu saignes de la littérature.

On est mardi 18 mars 2003. Je sors de l'agence de voyage avec mon billet pour Damas. Je pars demain et j'ai mon visa pour l'Irak dans la poche. Je fais comme si ça me venait à l'esprit, moi aussi je suis le roi de l'impro. Je dis à Jamel : « Tiens, ça serait une bonne idée d'aller en Irak ! Tu devrais y aller, au lieu d'être contre la guerre, tu y vas pendant ! Tu pars avec Zidane. Tous les deux, vous vous installez à l'hôtel Palestine... Les deux Arabes préférés des Français, ça aurait un certain effet ! » Le comique hésite : « Bagdad c'est pas con. Mais Zidane il faudrait d'abord lui greffer un veaucer. » Il ne va quand même pas me dire qu'il a des galas à honorer comme tous les autres « engagés » du show-biz, qu'il doit enregistrer avec Juliette Gréco comme Miossec ou bien que ses petites filles lui ont demandé de ne pas partir à la guerre comme l'a avoué Francis Lalanne. Ah ! Les enfants utilisés comme boucliers humains pour avoir un bon prétexte de ne pas risquer sa peau !... Non, Jamel est libre. Seulement, il n'est pas trop chaud...

Arborer un tee-shirt « No War in Irak » dans le quartier Mabillon lui suffit comme acte de résistance... Alors, qui y va ? Ah non, pas encore bibi ! D'accord. Jamel et Kader me regardent un peu incrédules mais ils savent bien que j'en suis cap'. Je fais comme si je me décidais là, à l'instant, devant eux, grâce à eux... Salut les mecs, vous m'avez convaincu, je pars demain pour Bagdad !

TABLE DES MATIÈRES

**DU MÊME AUTEUR AUX EDITIONS
RENAISSANCE ARABES**

L'Algérie, une création française ? Déconstruction du mensonge colonial (2021)

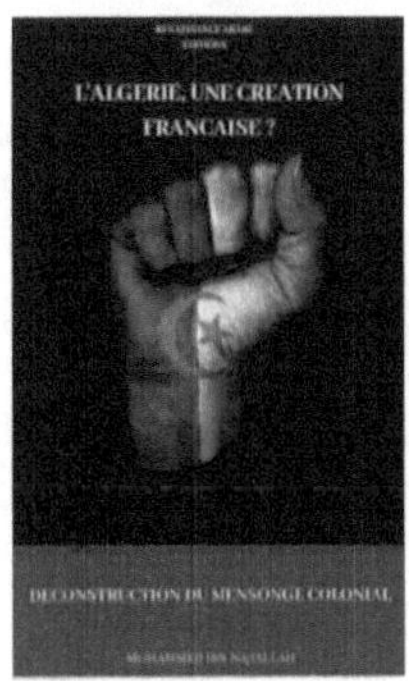

Depuis plusieurs décennies, il existe un certain discours qui est entendu sur divers plateaux de télévision française de la part de certaines personnalités médiatiques bien connues. Cette tirade a pour substance idéologique la négation la plus absolue de l'existence d'un État, d'une nation, et même d'une identité algérienne pré-coloniale.

En effet, selon ces intellectuels et autres polémistes, l'Algérie actuelle ne doit son existence qu'à l'entreprise coloniale française du début du 19e siècle et de l'entrée des troupes françaises dans le centre du Maghreb. Avant la conquête, paraît-il, cette vaste terre du Nord de l'Afrique n'était pourvue d'aucune trace de civilisation, et était peuplée par un conglomérat de tribus bédouines dont l'infériorité manifeste les poussait, de manière naturelle, à une disparition inéluctable. L'intervention de la France aurait, grâce à sa supériorité morale, intellectuelle et industrielle, non seulement permis au peuple autochtone arabo-musulman de s'épargner une disparition programmée, mais, en plus, elle lui aurait offert une existence et une place dans l'histoire.

Nous allons, dans cet ouvrage, qui est, précisons-le, le premier au monde à traiter en profondeur de ce sujet, procéder à une déconstruction totale de ce mythe colonial faisant de l'Algérie, terre des Berbères antiques et des Arabes médiévaux, une vulgaire création coloniale, d'une part, en retraçant l'histoire du pays, des temps les plus anciens jusqu'à notre époque moderne, et, également, en réfutant la rhétorique fallacieuse des nostalgiques de l'Algérie française. A la propagande fallacieuse politicarde et orientée idéologiquement, c'est par des recherches et des études politiques claires que nous répondrons. Enfin, c'est avec une réelle réflexion des mouvements et des faits politico-historiques que nous réfuterons les allégations et autres inepties dénuées de tout fondement que répètent avec zèle les affabulateurs algérianophobes.

*Charles Martel et la bataille de Poitiers :
construction et déconstruction d'un mythe
identitaire (2022)*

187

Charles Martel aurait "arrêté les Arabes à Poitiers" en 732. Cette phrase est répétée depuis des siècles au point où peu d'individus auront la témérité de s'opposer à ce qui semble être une vérité indélébile, par crainte de se voir attribuer tout un tas d'anathèmes peu flatteurs. C'est pourtant précisément ce que fait l'auteur dans ce livre, sans se soucier des qualificatifs ad hominem qui pourraient pleuvoir à la suite d'un tel "sacrilège". Cet ouvrage ne fait pas que déconstruire ce mythe identitaire et idéologique ; il retrace sa construction des temps les plus anciens jusqu'à nos jours, en analysant toutes les sources existantes qui mentionnent cette bataille de Poitiers. Un travail de recherche exceptionnel, une documentation solide, ce livre vient remettre en question une croyance vieille de plusieurs siècles, sans tomber dans une conception dichotomique et idéologique de la lecture de l'Histoire.

Tariq Ibn Ziyad : enquête sur le mystère des origines du conquérant d'Al-Andalus (2022)

Qui est Tariq Ibn Ziyad, hormis l'un des plus grands hommes de l'Histoire de l'Islam ? Que sait-on, en réalité, de ce général musulman qui fut l'un des grands artisans de la conquête arabo-islamique de la péninsule ibérique ? Tout le monde a en tête sa glorieuse épopée, ce héros partit, avec une petite troupe de 12 000 soldats, depuis le nord de l'Afrique, en direction de l'Espagne wisigothique, qu'il arriva à subjuguer avec une facilité déconcertante et une vitesse déroutante. Si nous allons naturellement aborder cette aventure dans la première partie de cet ouvrage, nous allons, surtout, entamer une étude qui n'a encore jamais été réalisé par aucun chercheur musulman : la recherche des origines de Tariq Ibn Ziyad. Pourquoi un tel projet ? Car de nombreuses polémiques (stériles) pullulent depuis un certain nombre d'années à travers les médias numériques ou traditionnels : le conquérant musulman était-il Algérien ou Marocain ? Arabe ou Berbère ? C'est grâce à un travail de recherche inédit à travers plus d'une centaine de documents réparti sur plus d'un siècle que nous allons tenter de répondre à ces questions.

Les Vikings face aux Arabes : quand les musulmans envoyaient les Normands au Valhalla (2022)

Les Vikings. Ces étranges guerriers à la taille haute, à la chevelure dorée et à l'iris bleu ciel, sortis de leurs lointaines contrées du Nord de l'Europe pour marquer l'Histoire de leur empreinte glacée. Parait-il, l'invincibilité caractériserait leur glorieuse épopée à travers le monde. Qu'en était-il réellement ? Nous aurons l'occasion d'y revenir. Pourtant, si l'aventure viking est connue de tous, ou presque, un épisode semble être passé à la trappe de l'Histoire : leur(s) rencontre(s) militaire face aux guerriers Arabo-musulmans, contre qui ils mordirent la poussière de façon systématique. Les Vikings de Björn Côte-de-fer, fils du célébrissime Ragnar Lothbrok, trouverons plus puissant qu'eux : les Omeyyades de Cordoue. Il arrive que la route de la gloire mène directement au Valhalla... Cet ouvrage se découpe en trois parties : dans la première, nous étudierons le mouvement viking, de sa naissance à son épilogue. Dans un deuxième temps, nous entrerons dans le vif du sujet en retraçant les confrontations militaires opposant les guerriers scandinaves aux armées arabo-musulmanes. Enfin, dans une partie annexe, nous analyserons quelques points de l'univers vikings qui méritent d'être étudiés : Ragnar Lothbrok, le Valhalla, Odin, les femmes guerrières.

Berbère et arabité, lumière sur un lien ancestral (2eme édition) (2023)

Il existe une quantité non-négligeable de travaux traitant des origines des Berbères. Pourtant, la quasi-totalité de ces productions n'est pas du fait des Berbères eux-mêmes, et leur vision est donc extérieure à ces populations. Cet ouvrage ne s'inscrit pas dans cette approche intellectuelle, puisque son but est précisément d'interroger les Berbères, de rendre la parole aux principaux concernés ; il était grand temps de se pencher attentivement sur leur point de vue.

Grâce à un travail de recherche minutieux, l'auteur a pu exploiter de nombreuses sources oubliées, jamais ou peu exploitées. De cette étude, il ressort qu'un fait, pourtant établi, n'est que rarement mentionné dans les travaux contemporains : le rattachement des Berbères, depuis l'époque médiévale, au peuple arabe. Une vision émique de l'identité berbère, un regard de l'intérieur de ces populations quant à leurs origines, nous permettra de constater un contraste idéologique de la part des Maghrébins précoloniaux avec les courants "berbéristes" anti-arabes hystériques de notre époque.

Le Djihadisme, une guerre contre l'Occident ?
(2023)

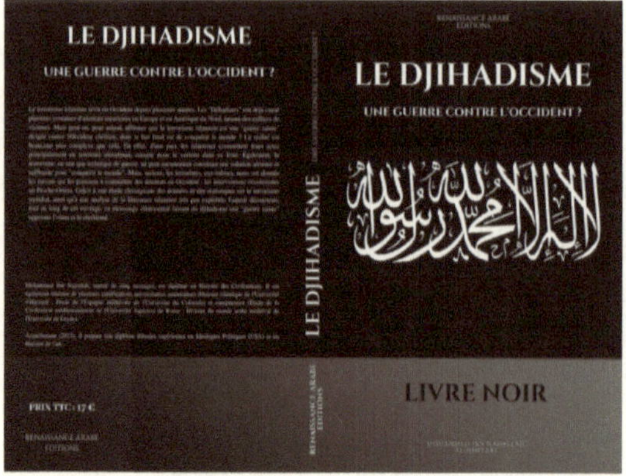

Le terrorisme islamiste sévit en Occident depuis plusieurs années. Les « Djihadistes » ont déjà causé plusieurs centaines d'attentats meurtriers en Europe et en Amérique du Nord, faisant des milliers de victimes. Mais peut-on, pour autant, affirmer que le terrorisme islamiste est une « guerre sainte » dirigée contre l'Occident chrétien, dont le but final est de conquérir le monde ? La réalité est beaucoup plus complexe que cela. En effet, d'une part, les islamistes commettent leurs actes principalement en territoire musulman, comme nous le verrons dans ce livre. Également, le terrorisme, en tant que technique de guerre, ne peut aucunement constituer une solution sérieuse et suffisante pour « conquérir le monde ». Mais, surtout, les terroristes, eux-mêmes, nous ont donnés les raisons qui les poussent à commettre des attentats en Occident : les interventions occidentales au Proche-Orient. Grâce à une étude chirurgicale des données et des statistiques sur le terrorisme mondial, ainsi qu'à une analyse de la littérature islamiste très peu exploitée, l'auteur déconstruit, tout au long de cet ouvrage, ce mensonge ethnocentré faisant du djihadisme une « guerre sainte » opposant l'islam et la chrétienté.

La guerre d'Algérie : une défaite française:
Comprendre la guerre asymétrique (2023)

1962. L'Algérie, colonisée depuis 132 ans par une France impérialiste, obtient son indépendance après plusieurs années d'une guerre sanglante. Ayant atteint son objectif à l'issue de ce conflit militaire, l'Algérie est sorti, naturellement, vainqueur de cette guerre d'Algérie que ses défenseurs ont initié le 1er novembre 1954. Pourtant, plusieurs personnalités françaises s'obstinent à refuser cette victoire aux indépendantistes, affirmant que ce serait la France qui aurait gagné "militairement" la guerre d'Algérie. Cependant, quelle qu'ait pu être le nombre de pertes du côté algérien, cela ne change rien au résultat final de cette guerre : l'Algérie a obtenu son indépendance et a forcé la France à plier bagages après près d'une décennie et demie de domination. Dans cet ouvrage, nous aurons l'occasion de comprendre pourquoi la tactique militaire algérienne a permis aux indépendantistes de venir à bout de leurs adversaires, pourtant infiniment plus puissants. Ce n'est qu'en comprenant le principe de la "guerre asymétrique" que nous pourrons saisir la nature de la victoire algérienne et, n'en déplaise à certaines personnes, de la défaite française lors de la guerre d'Algérie...

Le mythe de la révolte berbère :
Déconstruction d'un mensonge historique
(2023)

Un épisode de l'histoire maghrébine est régulièrement utilisé par des perturbateurs « berbéristes » pour tenter de renier la présence arabe en Afrique du Nord : la révolte « berbère ». Parait-il que cette révolte fut l'événement qui mit un terme à la domination politique orientale du Maghreb et qui chassa définitivement la présence arabe de la région. Ce livre examine la révolte berbère qui a éclaté en 740 dans le Maghreb, un événement que certains ont érigé comme un symbole de la résistance berbère face à l'oppression arabe. Cependant, au fil des recherchès historiques, il est apparu que la vision traditionnelle de la révolte était basée en grande partie sur des mythes et des légendes plutôt que sur des faits historiques concrets. Par conséquent, ce livre s'appuie sur une étude rigoureuse et systématique des sources historiques disponibles afin de démêler la réalité de la fiction. En analysant les sources arabes ainsi que les études modernes sur la révolte, ce livre offre une perspective historique nuancée et précise sur cet événement crucial (ou non) de l'histoire du Maghreb. En réévaluant la signification de la révolte berbère, ce livre contribue à une meilleure compréhension de l'histoire de cette région et de son patrimoine culturel et politique, tout en opérant une réfutation factuelle de ce mythe de la « révolte berbère ».

Néo-Harkis : Sociologie des Arabes collabos